정답으로 등장하는 TOEIC 단어들

> 확실하게 출제되는 단어만 확실하게 정복한다.

★ 우선순위 990 단어 ★

토익시험 1개월 전

전국 최대 최다 마감 신화
대한민국 1타 강사 권홍반 홍진걸의
정답노트 공개!

정답으로 등장하는 TOEIC 단어들

1판 1쇄 2014년 1월 1일

저   자 홍진걸
펴 낸 곳 OLD STAIRS
출판 등록 2008년1월10일 제300-2008-3호
주   소 서울시 마포구 서교동 464-7
이 메 일 oldstairs@daum.net

가격 11,000원
ISBN 978-89-97221-16-5

이 책의 전부 또는 일부를 재사용하려면 반드시 OLD STAIRS의 동의를 받아야 합니다.
잘못 만들어진 책은 구매하신 서점에서 교환하여 드립니다.

The Most Common Words Used As Answers In TOEIC
정답으로 등장하는 TOEIC 단어들

머리말

마치 미술관을 지키는 보안 설계자, 그리고 이 미술관에 침입하려는 미술품 도둑과의 관계와도 같습니다. 토익시험의 출제자와 토익강사의 관계가 말입니다. 이들은 서로 끝없는 싸움을 해야 합니다. 서로 만나본 적도 없고 서로가 누군지 알지도 못하지만 말이죠. 훌륭한(?) 도둑은 결국 보안 설계자의 심리를 꿰뚫어야만 합니다. 그리고 그 과정에서 자신에게 한 가지 결정적인 질문을 던져야만 합니다. "내가 만약 보안 설계자라면 어떻게 했을까?" 하는 질문 말이죠.

그런데 보안설계자의 입장에서는 한 가지 절대로 피해갈 수 없는 약점이 있습니다. 그것은 바로 "어찌됐건 그 곳에 미술품이 있어야 한다."는 것이죠. 이러한 약점은 토익시험 출제자에게도 똑같이 적용됩니다. 토익시험 출제자가 피해갈 수 없는 그것은 과연 무엇일까요? 그것은 더 변별력 있는 문제를 만들어 내기를 원하고, 누가 봐도 인정할 수 있는 객관적인 문제를 만들어 내기 원한다면, 이 때 사용할 수 있는 단어는 뻔히 정해져있다는 점입니다. 토익시험의 지문에는 수 없이 많은 단어가 등장할 수 있지만 그 중에서 출제 의도상 핵심이 되는 길목을 지키고 있는 단어의 수는 그리 많지 않기 때문입니다.

바로 그렇기 때문에…
여러분은 적어도 이 책에 있는 단어만큼은 확실하게 알아두어야 합니다. 제가 수년간 쏟아 부은 노력이 헛되지 않도록 말이죠.

Rank 1-251
정답으로 등장하는 TOEIC 단어들

RANK 001

Part 5 ★★★★★ Part 6 ★★★★★ Part 7 ★★★★★ Total ★★★★★

Available
[əveɪləbl]

[a] 만날 수 있는
Professor Jackson will be available during his office hours on Tuesdays.
화요일 근무시간에 잭슨 교수님을 만날 수 있습니다.

[a] 판매 가능한
The cake you ordered is no longer available.
주문하신 케이크는 더는 판매하지 않습니다.

[a] 사용 가능한
We will send you the class schedule by e-mail as soon as it is available.
수업 시간표는 가능해지는 대로 최대한 빨리 이메일로 보내드리겠습니다.

RANK 002

Part 5 ★★★★★ Part 6 ★★★★★ Part 7 ★★★★★ Total ★★★★★

Access
[ækses]

[v] 접속하다
I cannot access the Internet from my location now.
현재 제가 있는 위치에서는 인터넷에 접속할 수 없어요.

[v] 접근하다, 들어가다, 이용하다
To access the office, you will need some sort of identification.
사무실에 들어가기 위해서는 신분증이 필요할 것입니다.

[n] (장소로의)입장, 접근
The only access to the castle is through the main gate.

성에 접근하는 유일한 길은 정문을 통해서 가는 것뿐이다.

[n] 접근권, 접촉 기회
Only the board members will get access to our lounge.
오로지 임원들만 우리 라운지를 사용할 수 있을 것입니다.

홍샘의 포인트 강의

access는 자료로 접근하거나 장소로 들어가는 행위를 의미합니다. 동사와 명사로 모두 쓰일 수 있습니다.

access는 불가산명사로 보통 전치사 to를 동반하며, '자료나 장소로의 접근, 이용 권한'을 의미합니다. 즉, 함부로 접근할 수 없는 자료나 장소에 있어서 특정 사람에게만 주어지는 이용이나 접근 권한을 말합니다. 예를 들자면 access to reports는 '보고서를 볼 수 잇는 권한'을 의미합니다. 하지만 여기서 computer access란 단순히 '컴퓨터를 이용할 수 있는 권한'을 의미합니다.

RANK 003

Part 5 ★★★★★ Part 6 ★★★★★ Part 7 ★★★★★ Total ★★★★★

Ask
[æsk]

[v] 묻다, 물어보다, 요청하다
I wanted to ask a question during class but never got the chance.
나는 수업시간에 질문을 하고 싶었는데 기회를 전혀 얻지 못했습니다.

RANK 004

Part 5 ★★★★★   Part 6 ★★★★★   Part 7 ★★★★★   Total ★★★★★

Charge
[tʃɑːrdʒ]

[v] 청구하다
You will be charged for the bottle of water.
그 물 한 병의 값을 지불하셔야 됩니다.

[v] 신용 카드로 사다
The additional costs will be charged to your credit card.
추가적인 비용은 신용카드로 결제될 것입니다.

[v] 기소하다, 고소하다
Ms. Robbie was not charged with the crime.
Ms. Robbie는 범죄를 저지른 것에 대해 기소당하지 않았다.

[v] ~를 비난하다
The media charged several politicians with treason.
언론은 몇몇 정치인들이 반역죄를 저지른 것에 대해 비난하였다.

[v] 충전하다
I had to charge my bus card when I was in the bus station.
버스 터미널에서 버스카드를 충전해야 했다.

[n] 요금
All items in the room are free of charge.
방에 있는 모든 품목은 무료입니다.

[n] 기소, 고발
All charges against Mr. Jung were dropped since he had admitted all his faults.
그가 잘못을 인정하였기 때문에 Mr. Jung에 대한 모든 기소는 취소되었습니다.

[n] 비난
The prime minister has recently denied the charge that he received a bribe.
수상은 뇌물을 받았다는 비난을 최근에 부인했습니다.

[n] 책임, 담당
She was in charge of the class at the time of the accident.
사고가 났을 때 그녀가 반을 담당하고 있었다.

홍샘의 포인트 강의
be in charge of는 '~을 책임지다'의 의미입니다.

RANK 005

Part 5 ★★★★★   Part 6 ★★★★★   Part 7 ★★★★★   Total ★★★★★

Send
[send]

[v] (우편, 이메일)보내다, 발송하다
I will send you an e-mail with more information.
더 많은 정보를 담은 이메일을 보내드리겠습니다.

[v] (메시지, 전갈)전하다, 보내다
Please send him the message as soon as possible.
최대한 빨리 그에게 전갈을 보내주세요.

[v] (사람)보내다
Please send his assistant to pick up the documents.
서류를 받으러 그의 비서를 보내주세요.

RANK 006

Part 5 ★★★★★ Part 6 ★★★★★ Part 7 ★★★★★ Total ★★★★★

Allow
[əlaʊ]

[v] 허락하다, 용납하다
No food is allowed in museum.
박물관에 음식물 반입은 허락되지 않습니다.

RANK 007

Part 5 ★★★★★ Part 6 ★★★★★ Part 7 ★★★★★ Total ★★★★★

Notice
[noʊtɪs]

[v] ~을 의식하다
I noticed the rain started to fall.
나는 비가 내리기 시작했다는 것을 알았다.

[v] 주목하다, 관심을 기울이다
I want you to notice the small garden outside right now.
저는 당신이 지금 밖에 있는 작은 정원에 관심을 기울이는 것을 원합니다.

[n] 신경 씀, 주목, 알아챔
Please take notice that the invoice should be sent to us by this week.
송장을 이번 주까지 저희에게 보내주시도록 유념해 주시기 바랍니다.

[n] 공고문
The notice stated that the restaurant will be closing the following week.
공고문에 의하면 식당은 다음 주 안으로 영업을 마감한다고 했습니다.

[n] 안내판
The notice said "Do not litter."
안내판에는 "쓰레기를 버리지 마시오."라고 쓰여 있었다.

[n] 안내문
The university uploaded a notice on the website.
대학 측에서는 웹사이트에 안내문을 올렸다.

[n] 공지
Notices will be posted on the bulletin board in the hallway.
복도에 있는 게시판에 공고가 붙을 것입니다.

[n] 알림, 통지, 예고, 경고
A notice two days prior to the day of shipping is required if you want to get a refund.
만약 환불을 받고 싶으시다면 발송일 이틀 전에 통보가 필요합니다.

[n] 사직서, 통지서
The notice was on the professor's office door.
통지서는 교수님 사무실 문에 붙어 있었습니다.

홍샘의 포인트 강의

until further notice는 '추후 통보가 있을 때까지'란 의미로 언제까지 기다려야 하는지 말해줄 수 없을 때 사용하는 어휘입니다.

RANK 008

Part 5 ★★★★★ Part 6 ★★★★★ Part 7 ★★★★★ Total ★★★★★

Form
[fɔːrm]

[n] 방식, 형태
The arrangement of the desks is in a rectangular form.
책상의 정렬은 직사각형의 형태로 되어 있습니다.

[n] 서식
You should fill out forms before going out.
나가기 전에 서식들을 작성해야 합니다.

[n] 형식, 양식
The essay should be written according to the form.
논문은 양식에 따라 작성되어야 합니다.

[v] 형성되다, 형성시키다, 구성되다
The individuals formed an interesting team.
각 개인은 흥미로운 팀을 구성했다.

RANK 009

Part 5	Part 6	Part 7	Total
★★★★★	★★★★★	★★★★★	★★★★★

Help

[help]

[v] 돕다, 도움이 되다 [n] 도움, 지원
I helped my friend finish his task.
나는 내 친구가 일을 끝낼 수 있게 도와줬다.

RANK 010

Part 5	Part 6	Part 7	Total
★★★★★	★★★★★	★★★★★	★★★★★

Include

[ɪnkluːd]

[v] 포함하다
This service includes many additional benefits for customers.
이 서비스는 고객들을 위한 많은 추가적인 혜택을 포함한다.

[v] ~을 포함시키다
Including greens in your diet is very important.
채소를 식사에 포함시키는 것은 매우 중요합니다.

RANK 011

Part 5	Part 6	Part 7	Total
★★★★★	★★★★★	★★★★★	★★★★★

Support

[səpɔːrt]

[v] 지지하다, 옹호하다
The people have strongly supported the president of Korea.
사람들은 열렬히 한국의 대통령을 지지해왔습니다.

[v] 지원하다
Your computer does not support that kind of software.
당신의 컴퓨터는 그런 소프트웨어를 지원하지 않습니다.

[v] 후원하다
The board members agreed to support the project.
이사회 의원들은 프로젝트를 후원하기로 동의했습니다.

[v] (넘어지지 않도록)떠받치다
Use the wall to support yourself when going up the stairs.
계단을 올라갈 때 넘어지지 않게 벽을 사용하세요.

[v] (사실임을)뒷받침하다
The theory was not supported by empirical evidence.
그 이론은 실증적 증거로 뒷받침되지 않았다.

RANK 012

Part 5 ★★★★★ Part 6 ★★★★★ Part 7 ★★★★★ Total ★★★★★

Order
[ɔːrdə(r)]

[n] 순서
Please align the spoons and forks in order.
수저와 포크들을 순서에 맞게 배열해주세요.

[n] 명령
It was an order that could not be denied.
거부할 수 없는 명령이었다.

[n] 주문
There seems to be something wrong with the order that you placed for the cookies.
쿠키 주문에 문제가 생긴 것 같아요.

RANK 013

Part 5 ★★★★★ Part 6 ★★★★★ Part 7 ★★★★★ Total ★★★★★

Leave
[liːv]

[v] 떠나다, 출발하다
I will be leaving for Tokyo tomorrow.
나는 내일 동경으로 떠날 것이다.

[v] 떠나다, 그만두다
Mr. Jeff is leaving this company for good next month.
Mr. Jeff는 다음 달에 이 회사를 그만둘 것입니다.

[v] 있게 만들다, 그대로 두다
Leave the chairs the way they are.
의자들을 있는 그대로 두세요.

[v] (결과를)남기다, 남겨 주다
My grandfather left me a lot of his valuable teachings.
우리 할아버지께서는 가치 있는 가르침을 나에게 많이 남겨주셨다.

[v] ~을 두고 오다
Please leave your belongings in your locker.
소지품은 사물함에 두세요.

[v] 남기고 가다, 전하고 가다
I left a message that the meeting was delayed.
나는 회의가 연기되었다는 메모를 남겼다.

[n] 휴가
He will be on leave for three days with his family.
그는 가족들과 3일 동안 휴가 중일 것이다.

RANK 014

Part 5 ★★★★★ Part 6 ★★★★★ Part 7 ★★★★★ Total ★★★★★

Over
[oʊvə(r)]

[ad] 넘어지게, 쓰러지게
The car knocked me over.
나는 차에 치여 쓰러졌다.

[ad] 뒤집어
Do not turn your test sheet over until I tell you to do so.
제가 말씀드릴 때까지 시험지를 뒤집지 마세요.

[ad] 너머, 건너
You need to be careful when crossing over to the other side of the street.
당신은 길 맞은편으로 건너갈 때 조심할 필요가

있습니다.

[ad] 완전히 다 덮인
The roof was covered over with snow.
지붕은 눈으로 완전히 덮인 상태였다.

[ad] ~이상, ~이 넘는
There are over 100 people in this class room to listen to a lecture.
강의를 듣기 위해 이 교실 안에는 100명이 넘는 사람들이 있다.

[ad] 남은
All the food that is left over after the event will be wasted.
행사 후 남은 음식은 버려질 것이다.

[ad] 다시
I have told you over and over not to do it again.
(그 행위를) 하지 말라고 반복적으로 말했잖아.

[ad] 끝이 난
The program was over by the time I got home.
내가 집에 도착했을 때 방송은 이미 끝났었다.

[prep] (덮이도록)~위에
I put a blanket over myself.
이불로 나 자신을 덮었다.

[prep] (닿지 않게)~위에, ~위로
Hold the ball over your head.
공을 너의 머리 위로 들어라.

[prep] 저편으로, 가로질러
They looked across over the water to swim in the river.
그들은 수영하기 위해 물 저편을 내다보았다.

[prep] 멀리, 반대편에
Go over to the other side of the room.
방 반대편으로 건너가라.

[prep] ~을 넘어, 건너
I climbed over the fence.
나는 울타리를 타서 넘었다.

[prep] ~에서 아래로, ~에서 떨어져
Looking over the cliff is not a good idea.
절벽 아래로 내다보는 것은 좋은 생각이 아니다.

[prep] ~이 넘는, ~이상의
He stayed in New Zealand for over 10 years.
그는 뉴질랜드에서 10년 이상의 시간 동안 살았다.

[prep] ~하는 동안에, ~하면서
The project was completed over a long period of time.
프로젝트는 아주 오랜 시간을 거쳐 완성되었다.

[prep] (어려운 상황을)넘어서, 지나
It took him a long time to get over the breakup.
그는 이별을 극복하는 데에 시간이 오래 걸렸다.

[prep] ~을 이용하여
I learned to speak Korean over the book.
나는 한국어로 말하는 법을 책으로 배웠다.

RANK 015

Part 5 ★★★★★   Part 6 ★★★★★   Part 7 ★★★★★   Total ★★★★★

Analyze
[ǽnəlàiz]

[v] 분석하다, 분해하다
Analyzing the data is not simple.
데이터를 분석하는 것은 쉬운 일이 아니다.

RANK 016

Part 5 ★★★★★　Part 6 ★★★★★　Part 7 ★★★★★　Total ★★★★★

Consider
[kənsɪdə(r)]

[v] 사려하다, 고려하다
I will consider inviting her to the event.
그녀를 행사에 초대하는 것을 고려해보겠다.

[v] 여기다, 생각하다
I consider the movie to be worse than the director's other movies.
이 영화는 감독의 다른 영화들보다 더 재미없다고 생각한다.

[v] (남의 감정을) 고려하다
You should consider her feelings first before acting.
행동하기 전에 당신은 그녀의 감정을 고려해야 한다.

[v] 자세히 바라보다, 음미하다
He considered the view with eyes full of sadness.
그는 그 장면을 슬픔에 잠긴 상태에서 바라보았다.

홍샘의 포인트 강의
consider는 '고려하다'란 의미 이외에 '심의하다'란 의미와 '~를 …라고 간주하다'의 의미도 있습니다.

RANK 017

Part 5 ★★★★★　Part 6 ★★★★★　Part 7 ★★★★★　Total ★★★★★

Remain
[rɪmeɪn]

[v] 계속(여전히) ~이다
He will remain representative of the corporation for the next ten years.
그는 다음 10년 동안에도 회사의 대표를 계속 연임할 것이다.

[v] (없어지지 않고) 남다
Not a lot of time remains until the deadline.
마감일까지 시간이 얼마 남지 않았습니다.

[v] (처리, 이행 등을 해야 할 일이) 남아 있다, 아직 ~해야 하다
Three assignments still remain on the agenda.
아직 계획에는 세 가지 과제가 남았다.

[v] (떠나지 않고) 남다
My mother will remain in Korea.
우리 어머니는 한국에 남을 것이다.

RANK 018

Part 5 ★★★★★　Part 6 ★★★★★　Part 7 ★★★★★　Total ★★★★★

Fill
[fɪl]

[v] 채우다, 채워지다
Fill the cup to the brim with water.
컵을 물로 가득 채우세요.

[v] (구멍, 틈)때우다, 메우다
You have to completely fill up the hole in the wall.
당신은 벽에 있는 구멍을 메워야 합니다.

[v] (강한 감정)가득 차게 하다, 벅차게 하다
She filled my heart with joy every single second.
그녀는 모든 순간마다 내 마음을 기쁨으로 가득 채웠다.

[v] 충족시키다
You must fill the requirements to apply for the position.
이 자리에 지원하기 위해서는 기준을 충족시켜야 합니다.

[v] (어떤 일, 역할을) 하다
Ms. Green filled the role as the leader

of the group.
Ms. Green은 그 조의 리더역할을 맡았다.

[v] (일자리에)사람을 채우다
All available positions have currently been filled.
현재 있는 모든 일자리는 채워졌습니다.

RANK 019
Part 5 ★★★★★　Part 6 ★★★★★　Part 7 ★★★★★　Total ★★★★★

High
[haɪ]

[a] (바닥에서 꼭대기까지)높은
The ball that the batter hit flew high up into the sky.
타자가 친 공은 하늘 높이 날아올랐다.

[a] (양, 정도, 품질, 크기가)높은
A friend of mine said this food is of high quality.
제 친구 하나는 이 음식은 아주 질이 높다고 말했다.

[a] (존경심 등이) 많은, 대단한
I regard your friend very highly.
나는 너의 친구가 대단하다고 생각합니다.

[n] 최고(수준, 수치)
The singer reached his all-time high this year.
그 가수는 이번 해에 최고의 수준에 도달했다.

[ad] 높이, 높은 곳에
She could not climb high up into the tree.
그녀는 나무의 높은 곳까지 오를 수 없었다.

[ad] (비용, 가치, 양)많이, 높이
The price of the laptop is too high for me.
이 노트북은 나에게 있어서 너무 높은 가격이다.

RANK 020
Part 5 ★★★★★　Part 6 ★★★★★　Part 7 ★★★★★　Total ★★★★★

Meet
[miːt]

[v] 우연히 만나다
I met your father by chance 7 years ago.
나는 너의 아버지를 7년 전에 우연히 만났다.

[v] 논의를 위해 만나다, 모이다
We must meet to discuss the problem.
우리는 이 문제를 논의하기 위해 만나야 한다.

[v] 만나다, 겪다
A lot of people meet similar obstacles.
많은 사람은 비슷한 문제들을 겪게 된다.

[v] 충족시키다, 기한 등을 지키다
He did not meet the requirements for the position he applied to.
그는 그가 지원한 자리에 기준을 충족시키지 못했다.

홍샘의 포인트 강의

meet with는 '만나다'라는 의미가 아니라 '~와 회의를 하다'라는 의미입니다.

'충족시키다'를 의미하는 동사 meet이 취하는 목적어로는 goal(목표), need(필요), demand(수요), qualifications(자격 조건), deadline(기한) 등이 있습니다.

RANK 021

Part 5 ★★★★★ Part 6 ★★★★★ Part 7 ★★★★★ Total ★★★★★

Supply
[səplaɪ]

[v] 공급하다
This factory does not supply the product.
이 공장은 그 제품을 공급하지 않습니다.

[n] 공급, 보급품
The water supply is running low this month.
이번 달의 물 공급량이 떨어지고 있다.

RANK 022

Part 5 ★★★★★ Part 6 ★★★★★ Part 7 ★★★★★ Total ★★★★★

Demand
[dɪmænd]

[v] 요구하다, 강력히 묻다
Mr. Shin has strongly demanded better food for his health.
Mr. Shin은 그의 건강을 위해 더 좋은 음식을 요구해왔다.

[n] 요구(사항)
Meeting the demands of your boss is very important.
상사의 요구사항들을 충분히 충족시키는 것이 중요하다.

[n] 일, 부담, 요구(되는 일들)
There is always demand for my labor.
나의 노동력은 항상 요구된다.

[n] 수요
Demand for the product is expected to drop.
그 상품에 대한 수요는 떨어질 것으로 예상된다.

RANK 023

Part 5 ★★★★★ Part 6 ★★★★★ Part 7 ★★★★★ Total ★★★★★

Provide
[prəvaɪd]

[v] 제공하다
We will provide you with snacks and tea during the break.
우리는 쉬는 시간에 당신에게 간식과 티를 제공할 것입니다.

홍샘의 포인트 강의
provide는 [사람 with 사물]로 쓰거나 [사물 to 사람]으로 쓸 수 있습니다.

RANK 024

Part 5 ★★★★★ Part 6 ★★★★★ Part 7 ★★★★★ Total ★★★★★

Change
[tʃeɪndʒ]

[v] 변하다, 달라지다, 바꾸다
We need to change the rules of the game in order to attract more participants into the game.
더 많은 참가자를 게임으로 유도하기 위해 우리는 게임의 규칙을 바꿔야 한다.

[n] 변화, 교체
A change in management is needed.
경영진의 교체가 필요하다.

RANK 025
Part 5 ★★★★★ Part 6 ★★★★★ Part 7 ★★★★★ Total ★★★★★

Contact
[kɑːntækt]

[v] 연락하다
For any questions or problems you have, please contact the number below without hesitation.
문의 사항 또는 당신이 가진 문제가 있으면 망설임 없이 아래 제시된 번호로 연락 주세요.

[n] 연락
I will need your list of contacts as well.
당신의 연락 번호 목록도 또한 필요할 것입니다.

RANK 026
Part 5 ★★★★★ Part 6 ★★★★★ Part 7 ★★★★★ Total ★★★★★

Already
[ɔːlredi]

[ad] 이미, 벌써
The task has already been completed.
과제는 이미 다 끝낸 상태입니다.

RANK 027
Part 5 ★★★★★ Part 6 ★★★★★ Part 7 ★★★★★ Total ★★★★★

Anytime
[énitàim]

[ad] 언제든
Feel free to contact me anytime.
언제든 저에게 연락을 주세요.

RANK 028
Part 5 ★★★★★ Part 6 ★★★★★ Part 7 ★★★★★ Total ★★★★★

Close
[kloʊs]

[a] 가까운, 거의 ~할 것 같은, 면밀한, 비슷한
She is close to achieving her goal.
그녀는 목표에 거의 달성했다.

[ad] 가까이
I sat down close to the tree.
나는 나무 가까이 앉았다.

RANK 029
Part 5 ★★★★★ Part 6 ★★★★★ Part 7 ★★★★★ Total ★★★★★

Anniversary
[ænɪvɜːrseri]

[n] 기념일
It was my parents' 56th anniversary yesterday.
어제가 우리 부모님의 56번째 결혼기념일이었어요.

RANK 030
Part 5 ★★★★★ Part 6 ★★★★★ Part 7 ★★★★★ Total ★★★★★

Award
[əwɔːrd]

[v] 상을 수여하다
The winner will be awarded 100 dollars.
수상자에게는 100달러가 주어질 것이다.

[n] 상
I knew Robert would win the award.
나는 로버트가 상을 받을 줄 알았어요.

RANK 031
Part 5 ★★★★★　Part 6 ★★★★★　Part 7 ★★★★★　Total ★★★★★

Decide
[dɪsaɪd]

[v] 결정하다
You have to decide upon what to buy quickly for your friend's birthday party.
당신은 친구의 생일파티를 위해 서둘러 무엇을 살지 결정해야 합니다.

RANK 032
Part 5 ★★★★★　Part 6 ★★★★★　Part 7 ★★★★★　Total ★★★★★

Clear
[klɪr]

[a] 알아듣기 쉬운, 분명한, 확실한, 맑은
[v] 치우다, 혐의를 벗기다
I told you loud and clear last time about the problems.
나는 지난번에 당신에게 문제들에 대해 분명하게 말했어요.

RANK 033
Part 5 ★★★★★　Part 6 ★★★★★　Part 7 ★★★★★　Total ★★★★★

Community
[kəmju:nəti]

[n] 주민, 지역사회, 공동체
The community here is very friendly to all visitors.
여기 지역 주민들은 모든 방문자에게 참 친절합니다.

RANK 034
Part 5 ★★★★★　Part 6 ★★★★★　Part 7 ★★★★★　Total ★★★★★

Contract
[kɑ:ntrækt] [kəntrækt]

[n] 계약, 계약서
Definitely, your actions go against the contract.
명백히, 당신의 행동은 계약서에 어긋납니다.

[v] 계약하다
Ms. Chang contracted a new house last week.
지난주에 Ms. Chang은 새로운 집을 계약했습니다.

RANK 035
Part 5 ★★★★★　Part 6 ★★★★★　Part 7 ★★★★★　Total ★★★★★

Committed
[kəmɪtɪd]

[a] 헌신적인, 열성적인
He is committed to working for his family.
그는 가족을 위해 일하는 것에 있어서 헌신적이다.

RANK 036
Part 5 ★★★★★　Part 6 ★★★★★　Part 7 ★★★★★　Total ★★★★★

Announcement
[ənaʊnsmənt]

[n] 발표, 소식
The company made the announcement on Friday.
회사는 금요일에 발표했습니다.

RANK 037
Part 5 ★★★★★ Part 6 ★★★★★ Part 7 ★★★★★ Total ★★★★★

Although
[ɔːlðoʊ]

[conj] (비록)~이긴 하지만, 그러나
Although he earned a lot of money, he was not satisfied with his job.
비록 그는 돈을 많이 벌었지만, 자기의 일에 만족하진 못했다.

RANK 038
Part 5 ★★★★★ Part 6 ★★★★★ Part 7 ★★★★★ Total ★★★★★

Application form
[æplɪkeɪʃn] [fɔːrm]

[n] 신청 용지, 신청서
Submit your application form in person by tomorrow.
내일까지 신청서를 직접 와서 제출하세요.

RANK 039
Part 5 ★★★★★ Part 6 ★★★★★ Part 7 ★★★★★ Total ★★★★★

Detailed
[diːteɪld]

[a] 상세한
Your essay was very detailed in carrying out your argument.
당신의 에세이는 주장을 진행하는 데에 있어서 아주 상세했어요.

RANK 040
Part 5 ★★★★★ Part 6 ★★★★★ Part 7 ★★★★★ Total ★★★★★

Soon
[suːn]

[ad] 곧, 머지않아, 이내
Everyone knows that the results of the mid-term exam will be coming out soon.
중간고사 결과가 곧 나올 것을 모두 다 알고 있습니다.

[ad] 빨리
We will be needing your documents sooner than we thought.
우리가 생각했던 것보다 당신의 서류를 더 빨리 받아야 해요.

RANK 041
Part 5 ★★★★★ Part 6 ★★★★★ Part 7 ★★★★★ Total ★★★★★

Prior to A
[praɪə(r)] [tu]

[prep] A에 앞서, 먼저
Prior to the event, there were several people at the site.
사건이 일어나기에 앞서 몇몇 사람들이 현장에 있었다.

RANK 042
Part 5 ★★★★★ Part 6 ★★★★★ Part 7 ★★★★★ Total ★★★★★

Pleased
[pliːzd]

[a] 기쁜, 기뻐하는, 만족해하는
I am pleased to say that our company has produced incredible results this year.
저는 이번 해에 우리 회사가 아주 좋은 결과를 낸 것에 대해 만족하고 있습니다.

RANK 043

Part 5 ★★★★★　Part 6 ★★★★★　Part 7 ★★★★★　Total ★★★★★

Approval
[əpru:vl]

[n] 인정, 찬성
You will need your parents' approval to watch this movie.
이 영화를 관람하려면 부모님의 동의가 있어야 한다.

홍샘의 포인트 강의

단어가 형용사처럼 -al로 끝나는 명사들은 토익에서 매우 중요합니다.

proposal 제안   arrival 도착
withdrawal 예금 출금   disposal 처분
approval 승인   renewal 갱신
individual 개인   material 자료, 물질
appraisal 평가   removal 제거
professional 전문가

RANK 044

Part 5 ★★★★★　Part 6 ★★★★★　Part 7 ★★★★★　Total ★★★★★

Frequently
[fri:kwəntli]

[ad] 자주, 흔히
I frequently ask questions in class.
나는 수업시간에 자주 질문한다.

RANK 045

Part 5 ★★★★★　Part 6 ★★★★★　Part 7 ★★★★★　Total ★★★★★

Comprehensive
[kɑ:mprɪhensɪv]

[a] 종합적인, 포괄적인
Give me a comprehensive list of the products.
제품들의 종합적인 목록을 주세요.

RANK 046

Part 5 ★★★★★　Part 6 ★★★★★　Part 7 ★★★★★　Total ★★★★★

Few
[fju:]

[det] [a] 많지 않은, 적은
We had few chances to see each other.
우리는 서로 볼 기회가 많지 않았다.

[pron] 소수, 적은 수
Few people ever come this way.
아주 적은 수의 사람들만 이 길로 지나간다.

RANK 047

Part 5 ★★★★★　Part 6 ★★★★★　Part 7 ★★★★★　Total ★★★★★

Competitive
[kəmpetətɪv]

[a] 경쟁을 하는, 경쟁력 있는
Our players in the rugby team are quite competitive.
럭비 팀에 있는 우리 선수들은 매우 경쟁력이 있다.

RANK 048

Part 5 ★★★★★　Part 6 ★★★★★　Part 7 ★★★★★　Total ★★★★★

During A
[dʊrɪŋ]

[prep] A 동안, A 중
Please remember to have fun during the festival.
축제 도중에 즐기는 것을 잊지 마세요.

RANK 049
Part 5 ★★★★★ Part 6 ★★★★★ Part 7 ★★★★★ Total ★★★★★

Contribute
[kəntrɪbjuːt]

[v] 기부하다, 기여하다, 공헌하다
Greenhouse gases in the atmosphere have contributed directly to global warming.
대기 중의 온실가스는 직접 지구 온난화에 공헌해왔다.

RANK 050
Part 5 ★★★★★ Part 6 ★★★★★ Part 7 ★★★★★ Total ★★★★★

Behind schedule
[bɪhaɪnd] [skedʒuːl]

[ad] 예정보다 늦게
The new project is two months behind schedule due to financial difficulties.
새로운 프로젝트는 자금난으로 인해 예정보다 두 달 늦어졌다.

RANK 051
Part 5 ★★★★★ Part 6 ★★★★★ Part 7 ★★★★★ Total ★★★★★

Though
[ðoʊ]

[conj] ~이긴 하지만, 그래도
I participated in the soccer game, though my ankle was twisted.
내 발목이 삐었음에도 나는 축구시합에 참여하였다.

[ad] 그렇지만
I failed the test. I tried my best though.
나는 시험에서 떨어졌다. 그렇지만 최선을 다했다.

RANK 052
Part 5 ★★★★★ Part 6 ★★★★★ Part 7 ★★★★★ Total ★★★★★

Several
[sevrəl]

[det] [pron] 몇몇의
Suddenly, several ideas came to mind.
문득, 몇 가지의 아이디어가 떠올랐다.

[a] 각각의
Shoes are displayed by several colors.
신발들이 각각의 색깔별로 진열되어 있다.

RANK 053
Part 5 ★★★★★ Part 6 ★★★★★ Part 7 ★★★★★ Total ★★★★★

Employee
[ɪmplɔɪiː]

[n] 종업원, 고용인
H&J Company has a plan to hire 30 more employees than last year.
H&J 회사는 작년보다 30명의 종업원을 더 많이 고용할 계획이다.

RANK 054
Part 5 ★★★★★ Part 6 ★★★★★ Part 7 ★★★★★ Total ★★★★★

Decade
[dekeɪd]

[n] 10년
She has been in Canada for a decade.
그녀는 10년 동안 캐나다에서 지내왔다.

RANK 055
Part 5 ★★★★★ Part 6 ★★★★★ Part 7 ★★★★★ Total ★★★★★

Committee
[kəmɪti]

[n] 위원회
The union committee tries to seek out better benefit packages for the workers.
노조위원회는 노동자들을 위해 더 나은 복지혜택을 강구하려고 노력한다.

RANK 056
Part 5 ★★★★★ Part 6 ★★★★★ Part 7 ★★★★★ Total ★★★★★

Keep
[kiːp]

[v] ~을 어떤 상태로 유지하다, 계속 ~하게 하다
Please keep all machines clean before leaving the workplace so that it operates properly.
기계들이 잘 작동될 수 있도록 작업장을 떠나기 전에 모든 기계를 깨끗한 상태로 유지해주세요.

RANK 057
Part 5 ★★★★★ Part 6 ★★★★★ Part 7 ★★★★★ Total ★★★★★

Interested
[ɪntrəstɪd]

[a] 관심 있어 하는, 흥미 있어 하는
I have been interested in being an architect since I was young.
나는 어렸을 때부터 건축가가 되는 것에 관심이 있었다.

RANK 058
Part 5 ★★★★★ Part 6 ★★★★★ Part 7 ★★★★★ Total ★★★★★

Department
[dɪpɑːrtmənt]

[n] 부서
The director of the Human Resource Department will be retiring next month.
인사부 부장은 다음 달에 퇴직할 것이다.

RANK 059
Part 5 ★★★★★ Part 6 ★★★★★ Part 7 ★★★★★ Total ★★★★★

Appropriate
[əproʊpriət]

[a] 적절한
Keep an appropriate temperature for flowers.
꽃들을 위해 적절한 온도를 유지하세요.

홍샘의 포인트 강의
appropriate는 '상황에 맞는, 적합한'이란 뜻으로, 예를 들면 appropriate department는 '해당 부서'라고 해석할 수 있습니다.

RANK 060
Part 5 ★★★★★ Part 6 ★★★★★ Part 7 ★★★★★ Total ★★★★★

Sign
[saɪn]

[v] 서명하다, 조인하다
Please sign your name when you use your credit card.
신용카드를 사용할 때에는 서명해주세요.

[v] 신호를 보내다
I signed to the rescuers for help.
나는 도움을 위해 구조자들에게 신호를 보냈다.

RANK 061
Part 5 ★★★★★ Part 6 ★★★★★ Part 7 ★★★★★ Total ★★★★★

Deadline
[dedlaɪn]

[n] 기한, 마감 시간
You should meet the deadline for the application.
당신은 지원 마감일을 맞춰야 한다.

RANK 062
Part 5 ★★★★★ Part 6 ★★★★★ Part 7 ★★★★★ Total ★★★★★

Originally
[ərɪdʒənəli]

[ad] 원래, 본래
My dream was originally being the president but I recently changed my mind.
나의 꿈은 원래 대통령이 되는 것이었지만 최근에 나는 생각을 바꾸었다.

RANK 063
Part 5 ★★★★★ Part 6 ★★★★★ Part 7 ★★★★★ Total ★★★★★

Visit
[vɪzɪt]

[v] 방문하다
I visited the Sydney Opera House.
나는 시드니 오페라 하우스를 방문하였다.

[n] 방문
His unexpected visit surprised me.
예상치 못한 그의 방문은 나를 놀라게 하였다.

RANK 064
Part 5 ★★★★★ Part 6 ★★★★★ Part 7 ★★★★★ Total ★★★★★

Mandatory
[mændətɔːri]

[a] 법에 정해진, 의무적인
Bringing your passport is mandatory.
당신의 여권을 갖고 오는 것은 의무적이다.

RANK 065
Part 5 ★★★★★ Part 6 ★★★★★ Part 7 ★★★★★ Total ★★★★★

In advance
[ɪn] [ədvæns]

[ad] 미리, 사전에
You are supposed to purchase the tickets in advance.
당신은 미리 티켓들을 구매해야 한다.

RANK 066
Part 5 ★★★★★ Part 6 ★★★★★ Part 7 ★★★★★ Total ★★★★★

Previously
[príːviəsli]

[ad] 이전에, 미리, 사전에
Mr. Hong previously discussed with Mr. Kwon.
Mr. Hong은 사전에 Mr. Kwon과 토론하였다.

RANK 067
Part 5 ★★★★★ Part 6 ★★★★★ Part 7 ★★★★★ Total ★★★★★

Properly
[prɑːpərli]

[ad] 제대로, 적절히
My computer has not worked properly since yesterday.
어제 이후로 내 컴퓨터는 제대로 작동하지 않는다.

RANK 068
Part 5 ★★★★★ Part 6 ★★★★★ Part 7 ★★★★★ Total ★★★★★

In order to
[ɪn] [ɔːrdə(r)] [tu]

[ad] 위하여
In order to be successful, I study hard.
나는 성공하기 위하여, 공부를 열심히 한다.

RANK 069
Part 5 ★★★★★ Part 6 ★★★★★ Part 7 ★★★★★ Total ★★★★★

Invite
[ɪnvaɪt]

[v] 초대하다, 요청하다
I appreciate that you invited me to the party.
나는 당신이 파티에 초대해준 것에 감사하다.

RANK 070
Part 5 ★★★★★ Part 6 ★★★★★ Part 7 ★★★★★ Total ★★★★★

Including A
[ɪnkluːdɪŋ]

[prep] A를 포함하여
It costs me a hundred dollars including tax.
이것은 텍스를 포함하여 100달러가 든다.

RANK 071
Part 5 ★★★★★ Part 6 ★★★★★ Part 7 ★★★★★ Total ★★★★★

Instruct
[ɪnstrʌkt]

[v] 지시하다
The manager instructed me to attend a meeting on behalf of the company.
매니저는 나에게 회사를 대표하여 회의에 참석하라고 지시하였다.

[v] 알려주다, 전하다
She was instructed by Mr. Chang that she would be transferred to a new branch.
그녀는 Mr. Chang으로부터 새로운 지점으로 발령이 날 것이라고 전달을 받았다.

RANK 072
Part 5 ★★★★★ Part 6 ★★★★★ Part 7 ★★★★★ Total ★★★★★

Significantly
[sɪgnɪfɪkəntli]

[ad] 상당히, 크게
The population has significantly grown during the last five decades.
지난 50년 동안 인구수는 크게 증가해 왔다.

RANK 073
Part 5 ★★★★★ Part 6 ★★★★★ Part 7 ★★★★★ Total ★★★★★

For A
[fə(r)]

[prep] A 동안
She will be out of town for a week.
그녀는 일주일 동안 마을을 떠날 것이다.

홍샘의 포인트 강의

전치사 for와 관련해서 다음 세 가지 표현을 암기해둡시다.

- need for ~에 대한 필요
- demand for ~에 대한 수요
- request for ~에 대한 요청

RANK 074
Part 5 ★★★★★ Part 6 ★★★★★ Part 7 ★★★★★ Total ★★★★★

Offer
[ɔ:fə(r);ɑ:f-]

[v] 제안하다, 권하다
We offered him a new position.
우리는 그에게 새로운 자리를 제안했다.

[n] 제의, 제안
I have received an offer from the company.
나는 회사로부터 일자리 제안을 받았다.

RANK 075
Part 5 ★★★★★ Part 6 ★★★★★ Part 7 ★★★★★ Total ★★★★★

Highly
[haɪli]

[ad] 크게, 대단히, 매우
Reading books twice a week is highly recommended.
일주일에 두 번 책을 읽는 것은 매우 권장된다.

RANK 076
Part 5 ★★★★★ Part 6 ★★★★★ Part 7 ★★★★★ Total ★★★★★

Regarding A
[rɪgɑ:rdɪŋ]

[prep] A에 관하여
The Professor talked to the students regarding the upcoming assignment in the Physics class.
물리학 시간에 교수님께서 학생들에게 다가올 숙제에 관하여 말씀하셨다.

홍샘의 포인트 강의

regarding, concerning, about, as for 등은 '~에 관해서'입니다.

RANK 077
Part 5 ★★★★★ Part 6 ★★★★★ Part 7 ★★★★★ Total ★★★★★

Invoice
[ɪnvɔɪs]

[n] 송장
The box contains the invoice for the books you ordered.
박스는 당신이 주문한 책의 송장을 포함한다.

RANK 078
Part 5 ★★★★★ Part 6 ★★★★★ Part 7 ★★★★★ Total ★★★★★

Work
[wɜ:rk]

[n] 일, 직장, 직업
This work is very dangerous.
이 일은 매우 위험하다.

[v] 일하다, 작업하다
Mr. Kim works for manufacturing.
Mr. Kim은 제조업에 종사한다.

RANK 079
Part 5 ★★★★★ Part 6 ★★★★★ Part 7 ★★★★★ Total ★★★★★

Ongoing
[ɑ:ngoʊɪŋ]

[a] 계속 진행 중인
Negotiation is still ongoing.
협상은 여전히 진행 중이다.

RANK 080
Part 5 ★★★★★ Part 6 ★★★★★ Part 7 ★★★★★ Total ★★★★★

On schedule
[ɑːn] [skedʒuːl]

[ad] 시간대로, 예정대로
The baseball game has been canceled because the players did not arrive at stadium on schedule.
선수들이 예정대로 경기장에 도착하지 않았기 때문에 야구 경기는 취소되었다.

RANK 081
Part 5 ★★★★★ Part 6 ★★★★★ Part 7 ★★★★★ Total ★★★★★

Proper
[prɑːpə(r)]

[a] 적절한, 제대로 된
Lose weight with a proper diet.
적절한 식습관으로 체중을 줄이세요.

RANK 082
Part 5 ★★★★★ Part 6 ★★★★★ Part 7 ★★★★★ Total ★★★★★

Refund
[rɪfʌnd]

[v] 환급하다
If you were not satisfied with our product, refund it with the receipt.
만약 당신이 우리의 제품에 불만족스럽다면, 영수증과 함께 환급하세요.

RANK 083
Part 5 ★★★★★ Part 6 ★★★★★ Part 7 ★★★★★ Total ★★★★★

Make A B
[meɪk]

[v] A를 B로 만들다
The news is enough to make me angry.
그 소식은 나를 충분히 화나게 한다.

RANK 084
Part 5 ★★★★★ Part 6 ★★★★★ Part 7 ★★★★★ Total ★★★★★

Regularly
[regjələrli]

[ad] 정기적으로
The technician has been trained regularly.
기술자는 정기적으로 교육을 받는다.

홍샘의 포인트 강의
토익에서 부사 regularly(정기적으로)는 매우 중요하고 자주 나오는 어휘입니다. 왜냐하면, 회사 내에서 혹은 공장에서 정기적으로 이루어져야 할 일이 너무도 많기 때문이죠. 일단 maintenance and check up(기계나 건물, 건강의 유지 관리 점검)이 가장 일반적으로 regularly와 어울리는 어휘이고 직원들의 교육, 정기회의, 매년 있는 conference도 이에 해당합니다.

RANK 085
Part 5 ★★★★★ Part 6 ★★★★★ Part 7 ★★★★★ Total ★★★★★

Required
[rikwáiərd]

[a] 필수의
You should take a required course.
당신은 필수 과목을 이수해야 한다.

RANK 086
Part 5 ★★★★★　Part 6 ★★★★★　Part 7 ★★★★★　Total ★★★★★

Reimburse
[riːmbɜːrs]

[v] 배상하다, 변제하다
The company will reimburse two hundred workers for industrial accident.
회사는 2백 명의 근로자들에게 산업재해로 인한 배상을 할 것이다.

RANK 087
Part 5 ★★★★★　Part 6 ★★★★★　Part 7 ★★★★★　Total ★★★★★

Require
[rɪkwaɪə(r)]

[v] 요구하다, 필요로 하다
Ms. Brown is required to fill out the form to obtain a discount card.
Ms. Brown은 할인카드를 얻기 위해서 양식을 작성해야 한다.

RANK 088
Part 5 ★★★★★　Part 6 ★★★★★　Part 7 ★★★★★　Total ★★★★★

Warranty
[wɔːrənti]

[n] 품질 보증서
Visit our customer service center with a warranty in order to fix the radio.
라디오를 고치기 위해 보증서를 가지고 우리 수리 센터를 방문하세요.

RANK 089
Part 5 ★★★★★　Part 6 ★★★★★　Part 7 ★★★★★　Total ★★★★★

Regardless of A
[rɪɡɑːrdləs] [ʌv]

[prep] A에 상관없이
I can easily communicate with my friends by smart phone regardless of space and time.
나는 장소와 시간에 상관없이 스마트 폰으로 쉽게 친구들과 연락할 수 있다.

RANK 090
Part 5 ★★★★★　Part 6 ★★★★★　Part 7 ★★★★★　Total ★★★★★

Still
[stɪl]

[ad] 아직, 계속해서, 여전히
I am still studying so hard because I want to be a doctor.
의사가 되고 싶기 때문에 여전히 공부를 열심히 하고 있다.

홍샘의 포인트 강의
still(여전히)은 변수가 있을지라도 변함이 없음을 나타내는 토익 빈출 어휘입니다.

RANK 091
Part 5 ★★★★★　Part 6 ★★★★★　Part 7 ★★★★★　Total ★★★★★

Requirement
[rɪkwaɪərmənt]

[n] 필요, 필요조건
Ethic is a core requirement
도덕은 핵심 요구사항이다.

RANK 092

Part 5 ★★★★★ Part 6 ★★★★★ Part 7 ★★★★★ Total ★★★★★

Predict
[prɪdɪkt]

[v] 예측하다, 예견하다
I predict that my test scores will not be that good this time.
나는 이번 시험성적이 별로 안 좋을 것이라고 예측한다.

RANK 093

Part 5 ★★★★★ Part 6 ★★★★★ Part 7 ★★★★★ Total ★★★★★

Leave for A
[liːv] [fə(r)]

[v] A로 떠나다
I will leave for Guam in order to meet my relatives.
나는 친척들을 만나기 위해 괌으로 떠날 것이다.

RANK 094

Part 5 ★★★★★ Part 6 ★★★★★ Part 7 ★★★★★ Total ★★★★★

While
[waɪl]

[conj] ~하는 동안, ~인 데 반하여
It is illegal to drink beer while driving a car.
차를 운전하는 동안에 맥주를 마시는 건 불법이다.

RANK 095

Part 5 ★★★★★ Part 6 ★★★★★ Part 7 ★★★★★ Total ★★★★★

Proposed
[prəpoʊzd]

[a] 제안된
I disagreed with the proposed plan.
나는 제안된 계획에 동의하지 않았다.

RANK 096

Part 5 ★★★★★ Part 6 ★★★★★ Part 7 ★★★★★ Total ★★★★★

Permit
[pərmɪt] [pɜːrmɪt]

[v] 허용하다, 허락하다
Do not permit selling any cigars to teenagers.
10대들에게 담배판매를 허용하지 마세요.

[n] 허가증
Students studying abroad should renew their study permit at least six months before the expiry date.
해외에서 공부하는 학생들은 최소 만료날짜 6개월 전에 학생비자를 갱신해야 한다.

> **홍샘의 포인트 강의**
>
> a permit은 가산명사로 '허가증'이고 permission은 불가산명사로 '허가'입니다.

RANK 097

Part 5 ★★★★★ Part 6 ★★★★★ Part 7 ★★★★★ Total ★★★★★

Particularly
[pərtɪkjələrli]

[ad] 특히, 특별히
I particularly hate curry due to its smell.
나는 냄새 때문에 특히 카레를 싫어한다.

RANK 098

Part 5 ★★★★★ Part 6 ★★★★★ Part 7 ★★★★★ Total ★★★★★

Qualified
[kwɑːlɪfaɪd]

[a] 자격이 있는
The school needs a qualified bus driver.
학교는 자격을 갖춘 버스 운전사가 필요하다.

RANK 099
Part 5 ★★★★★　Part 6 ★★★★★　Part 7 ★★★★★　Total ★★★★★

Selection
[sɪlekʃn]

[n] 선발, 선정, 선택
Jury selection started yesterday.
배심원 선정은 어제 시작했다.

RANK 100
Part 5 ★★★★★　Part 6 ★★★★★　Part 7 ★★★★★　Total ★★★★★

Shortly
[ʃɔːrtli]

[ad] 얼마 안 되어
The class will start shortly.
수업이 얼마 안 되어 시작할 것이다.

RANK 101
Part 5 ★★★★★　Part 6 ★★★★★　Part 7 ★★★★★　Total ★★★★★

Satisfied
[sætɪsfaɪd]

[a] 만족하는, 만족스러워하는
He was satisfied with the results.
그는 결과에 만족스러워했다.

홍샘의 포인트 강의
be satisfied with는 '~에 만족하다'란 표현이며 유사한 표현으로 be happy with와 be pleased with가 있습니다. Happy와 pleased의 경우에 with 대신에 to부정사를 써서 '~하게 되어서 기쁘다'의 의미로 쓰이기도 합니다.

RANK 102
Part 5 ★★★★★　Part 6 ★★★★★　Part 7 ★★★★★　Total ★★★★★

Participant
[pɑːrtɪsɪpənt]

[n] 참가자
All participants are asked to come an hour early.
모든 참가자는 한 시간 일찍 오시기 바랍니다.

RANK 103
Part 5 ★★★★★　Part 6 ★★★★★　Part 7 ★★★★★　Total ★★★★★

Submit
[səbmɪt]

[v] 제출하다
Submit your assignment via the internet by Monday.
인터넷으로 숙제를 월요일까지 제출하세요.

RANK 104
Part 5 ★★★★★　Part 6 ★★★★★　Part 7 ★★★★★　Total ★★★★★

Even though
[iːvn] [ðoʊ]

[conj] 비록 ~일지라도
Even though they are short, they are still good at playing basketball.
그들은 비록 키가 작아도 농구를 잘한다.

RANK 105
Part 5 ★★★★★　Part 6 ★★★★★　Part 7 ★★★★★　Total ★★★★★

Qualifications
[kwɑːlɪfɪkeɪʃnz]

[n] 자격 요건
The qualifications for making the school baseball team are very high.
학교 야구팀에 들어가는 자격 요건은 아주 높다.

RANK 106

Part 5 ★★★★★ Part 6 ★★★★★ Part 7 ★★★★★ Total ★★★★★

Postpone
[poʊspoʊn]

[v] 연기하다, 미루다
The conference will be postponed until next week.
다음 주까지 회의가 연기될 것입니다.

RANK 107

Part 5 ★★★★★ Part 6 ★★★★★ Part 7 ★★★★★ Total ★★★★★

Present
[prɪzent] [preznt]

[v] 주다, 수여하다, 증정하다
The teacher presented him with a certificate.
선생님은 그에게 상장을 수여했다.

[v] 제시하다, 제출하다
The accountants must all present their reports next week.
회계사들은 다음 주까지 보고서 제출을 해야 한다.

[v] 보여주다, 나타내다, 묘사하다
We will need to present the company's current status in the meeting.
우리는 회의에서 회사의 현재 위치를 보여줘야 할 것이다.

[a] 현재의
Focus on the present for now.
지금은 일단 현재 상황에 집중하세요.

[a] 있는, 참석한
All the members of the board were present.
이사회의 모든 구성원들이 참석했다.

RANK 108

Part 5 ★★★★★ Part 6 ★★★★★ Part 7 ★★★★★ Total ★★★★★

Receive
[rɪsiːv]

[v] 받다, 받아들이다
The package that you sent was received yesterday.
당신이 보내준 택배를 어제 받았습니다.

RANK 109

Part 5 ★★★★★ Part 6 ★★★★★ Part 7 ★★★★★ Total ★★★★★

Presentation
[priːzenteɪʃn]

[n] 제출, 제시, 수여, 발표
The presentation will last about 30 minutes.
발표는 한 30분 동안 지속될 것이다.

RANK 110

Part 5 ★★★★★ Part 6 ★★★★★ Part 7 ★★★★★ Total ★★★★★

Quickly
[kwɪkli]

[ad] (속도를)빨리, (시간상으로)빨리, 곧
You must complete the report quickly.
당신은 반드시 보고서를 빨리 끝내야 합니다.

홍샘의 포인트 강의

quickly(빨리), immediately(즉시), directly(직접)는 토익에서 가장 많이 쓰이는 부사들입니다.

RANK 111
Part 5 ★★★★★ Part 6 ★★★★★ Part 7 ★★★★★ Total ★★★★★

Registration form
[redʒɪstreɪʃn] [fɔːrm]

[n] 신청서
Hand in the registration form by tonight.
오늘 밤까지 신청서를 제출해주세요.

RANK 112
Part 5 ★★★★★ Part 6 ★★★★★ Part 7 ★★★★★ Total ★★★★★

Respond
[rɪspɑːnd]

[v] 대답하다, 반응을 보이다, 대응하다
Please respond to the questions thoroughly.
질문에 구체적으로 대답해주세요.

RANK 113
Part 5 ★★★★★ Part 6 ★★★★★ Part 7 ★★★★★ Total ★★★★★

Schedule
[skedʒuːl]

[v] 예정하다
Mr. Hong is scheduled to arrive soon.
미스터 홍은 곧 도착할 예정입니다.

[n] 일정, 스케줄
According to the schedule, we will have lunch next.
일정에 의하면 우리는 이제 점심을 먹을 것이다.

홍샘의 포인트 강의
[be scheduled to부정사]는 토익에 자주 나오는 표현으로 '~하기로 되어 있다'란 의미입니다. [be scheduled for 날짜]는 '~때로 일정이 잡혀있다'의 의미입니다.

RANK 114
Part 5 ★★★★★ Part 6 ★★★★★ Part 7 ★★★★★ Total ★★★★★

Specific
[spəsɪfɪk]

[a] 구체적인, 명확한, 분명한
You need to support your argument with specific examples.
당신의 주장을 구체적인 예시로 뒷받침해야 합니다.

RANK 115
Part 5 ★★★★★ Part 6 ★★★★★ Part 7 ★★★★★ Total ★★★★★

Thoroughly
[θɜːrəli]

[ad] 대단히, 완전히
Please research about the topic thoroughly.
주제에 대해 완벽하게 조사해주세요.

RANK 116
Part 5 ★★★★★ Part 6 ★★★★★ Part 7 ★★★★★ Total ★★★★★

Usually
[juːʒuəli]

[ad] 보통, 대개
I usually go home after school.
나는 주로 학교가 끝나면 집으로 간다.

RANK 117

Part 5 ★★★★★　Part 6 ★★★★　Part 7 ★★★★★　Total ★★★★★

Advise
[ədvaɪz]

[v] 조언하다, 충고하다, 권고하다
I advise you to go to school today.
오늘 학교에 가는 것을 권한다.

[v] 자문에 응하다, 고문이 되어 주다
I will decide after I advise with my counselor.
나는 고문의 자문에 응하고 결정을 내리겠다.

[v] (정식으로)알리다
Please advise us if any changes of plans are to be made.
계획의 변화가 있을 것이면 우리에게 알려주세요.

홍샘의 포인트 강의

토익에서는 어떤 정보를 제공할 때 다음과 같은 다섯 가지 동사를 주로 쓰며 능동과 수동 형태 모두 이용할 수 있습니다. 예를 들어서 회사가 직원들에게 내년에 임금 인상이 있을 것이라고 말할 경우

The company told/reminded/advised/informed/notified the employees that there would be a pay raise next year.
라고 표현합니다. 주의하실 것은 that절이 곧바로 나오는 것이 아니라 이야기를 듣는 사람이 that절 앞에 나온다는 것입니다. 이를 수동태로도 다음과 같이 고칠 수 있습니다.

Employees were told/reminded/advised/informed/notified that there would be a pay raise next year.
(직원들은 내년에 임금 인상이 있을 것이라고 들었다.)

RANK 118

Part 5 ★★★★★　Part 6 ★★★★★　Part 7 ★★★★　Total ★★★★★

Despite A
[dɪspaɪt]

[prep] A에도 불구하고
Despite your attitude today, I will allow you to attend the party.
너의 태도에도 불구하고 파티에 참석하는 것을 허락하겠다.

RANK 119

Part 5 ★★★★★　Part 6 ★★★★　Part 7 ★★★★★　Total ★★★★★

Even if
[iːvn] [ɪf]

[conj] ~에도 불구하고
Even if you are sick, it is important for you to go to school.
네가 아무리 아프더라도, 학교에 나가는 것은 중요하다.

RANK 120

Part 5 ★★★★★　Part 6 ★★★★　Part 7 ★★★★★　Total ★★★★★

Experience
[ɪkspɪriəns]

[n] 경험, 체험
I've had a lot of experience living abroad.
나는 외국에서 사는 경험이 많다.

[v] ~을 경험하다
The current political system was about to experience a big change.
현재의 정치 시스템이 큰 변화를 겪을 것이었다.

RANK 121
Part 5 ★★★★　Part 6 ★★★★★　Part 7 ★★★★★　Total ★★★★★

Propose
[prəpoʊz]

[v] 제안하다
If you have any better ideas, please propose a different plan.
더 좋은 생각이 있으면 다른 계획을 제안해 보세요.

RANK 122
Part 5 ★★★★★　Part 6 ★★★★★　Part 7 ★★★★　Total ★★★★★

Limited
[lɪmɪtɪd]

[a] 제한된, 아주 많지는 않은
We have a limited amount of resources.
우리는 제한된 양의 자원을 갖고 있다.

RANK 123
Part 5 ★★★★　Part 6 ★★★★　Part 7 ★★★★★　Total ★★★★★

Agenda
[ədʒendə]

[n] 의제, 안건
Financial matters will not be included in our agenda.
돈과 관련된 문제들은 안건에 포함 되지 않을 것입니다.

RANK 124
Part 5 ★★★★　Part 6 ★★★★　Part 7 ★★★★★　Total ★★★★★

Clean
[kli:n]

[a] 깨끗한
A clean room reflects the heart.
깨끗한 방은 마음의 상태를 비춰준다.

[v] 닦다, 청소하다
Clean up the house since the guests are to arrive soon.
손님들이 곧 도착하니깐 집 청소를 하길 바란다.

RANK 125
Part 5 ★★★★　Part 6 ★★★★★　Part 7 ★★★★★　Total ★★★★★

Appreciate
[əpri:ʃieɪt]

[v] 진가를 알아보다, 인정하다
Your efforts for the completion of the project are fully appreciated.
프로젝트의 완성을 위한 당신의 많은 노력을 인정합니다.

[v] 고마워하다, 환영하다
I appreciate you being such a good friend.
당신이 정말 좋은 친구라는 것에 대해 고맙게 생각합니다.

[v] 인식하다
Do you even appreciate the seriousness of the situation?
상황의 심각성을 인식하고 계십니까?

[v] 가치가 오르다
We expect the country to appreciate its currency.
우리는 그 국가가 환율의 가치를 올릴 것을 기대합니다.

RANK 126

Part 5 ★★★★ Part 6 ★★★★★ Part 7 ★★★★★ Total ★★★★★

Costly
[kɔ:stli]

[a] 많은 돈이 드는
It is costly to get the car repaired.
차를 고치는 데 큰 비용이 들어간다.

> **홍샘의 포인트 강의**
>
> costly(비용이 드는)는 -ly로 끝나지만, 부사가 아니라 형용사입니다. 다음 -ly형 형용사들을 기억해 두세요.
>
> friendly 친숙한 timely 시기적절한
> likely 그럴듯한 weekly 매주의
> monthly 매월의 quarterly 사분기의
> yearly 매년의

RANK 127

Part 5 ★★★★★ Part 6 ★★★★★ Part 7 ★★★★ Total ★★★★★

Increasingly
[ɪnkri:sɪŋli]

[ad] 점점 더, 갈수록 더
The questions are becoming increasingly hard each time.
매번 문제의 난이도가 점점 더 어려워지고 있다.

RANK 128

Part 5 ★★★★★ Part 6 ★★★★ Part 7 ★★★★★ Total ★★★★★

Adequate
[ædɪkwət]

[a] 충분한, 적절한
An adequate set of skills is needed for this next project.
이 다음 프로젝트를 위해서는 충분한 실력이 필요하다.

RANK 129

Part 5 ★★★★ Part 6 ★★★★★ Part 7 ★★★★★ Total ★★★★★

Announce
[ənaʊns]

[v] 발표하다, 알리다
We are going to announce the plan in a few moments.
우리는 곧 계획을 발표할 것입니다.

RANK 130

Part 5 ★★★★ Part 6 ★★★★★ Part 7 ★★★★★ Total ★★★★★

Various
[veriəs]

[a] 여러 가지의, 각양각색의, 다양한
There are various companies working together for this project.
이번 프로젝트를 위해 여러 개의 회사가 같이 협력하고 있다.

RANK 131

Part 5 ★★★★ Part 6 ★★★★★ Part 7 ★★★★★ Total ★★★★★

Introduce
[ɪntrədu:s]

[v] 소개하다
A new product will be introduced tomorrow.
새로운 제품이 내일 소개될 것입니다.

RANK 132

Part 5 ★★★★★ Part 6 ★★★★ Part 7 ★★★★ Total ★★★★★

Additional
[ədɪʃənl]

[a] 추가의
A few additional changes were added.
몇 개의 추가적인 변화가 이루어졌다.

RANK 133

Part 5 ★★★★★ Part 6 ★★★★★ Part 7 ★★★★ Total ★★★★★

Immediately
[ɪmiːdiətli]

[ad] 즉시, 즉각
Work on your assignment immediately.
지금 즉시 과제를 해라.

[ad] [보통 전치사와 함께 쓰여](특정장소, 시간)바로 옆에
In order to visit our restaurant, please turn left immediately after the Empire State Building.
저희 식당을 방문하기 위해서는, 엠파이어스테이트 빌딩을 지난 직후에 왼쪽으로 도세요.

[ad] [보통 과거분사와 함께 쓰여] 직접적으로
The current economic crisis has not immediately affected our country.
이번 경제 위기는 우리나라에 직접적인 영향을 미치지 않았다.

RANK 134

Part 5 ★★★★★ Part 6 ★★★★ Part 7 ★★★★★ Total ★★★★★

Apply for A
[əplaɪ] [fə(r)]

[v] A에 지원하다
I applied for the college last month.
지난달에 그 대학에 지원했습니다.

RANK 135

Part 5 ★★★★★ Part 6 ★★★★ Part 7 ★★★★★ Total ★★★★★

Transfer
[trænsfɜː(r)]

[v] 옮기다, 이동하다, 전근가다, 환승하다
The employee will be transferred to a different department.
그 직원은 다른 부서로 옮겨질 것이다.

RANK 136

Part 5 ★★★★★ Part 6 ★★★★★ Part 7 ★★★★ Total ★★★★★

Occasionally
[əkeɪʒnəli]

[ad] 가끔
I occasionally go to the river at the end of the day.
나는 가끔 하루가 끝날 무렵 강으로 간다.

RANK 137

Part 5 ★★★★ Part 6 ★★★★★ Part 7 ★★★★★ Total ★★★★★

Subscriber
[səbskraɪbə(r)]

[n] 구독자
All subscribers will be given a pamphlet.
모든 구독자에게 팸플릿을 줄 것이다.

RANK 138

Part 5 ★★★★★ Part 6 ★★★★★ Part 7 ★★★★ Total ★★★★★

Substantially
[səbstænʃəli]

[ad] 상당히
His language skills have increased substantially.
그의 언어 능력은 상당히 향상되었다.

RANK 139
Part 5 ★★★★★ Part 6 ★★★★★ Part 7 ★★★★ Total ★★★★★

Clearly
[klɪrli]

[ad] 분명히, 알기 쉽게
The graph clearly showed the current financial situation of the company.
그래프는 현재 회사의 경제적 상황을 분명하게 보여줬다.

RANK 140
Part 5 ★★★★ Part 6 ★★★★★ Part 7 ★★★★★ Total ★★★★★

Candidate
[kændɪdət]

[n] 후보자, 지원자
All the candidates are very qualified this year.
이번 해의 모든 후보자들은 뛰어난 자격 요건들을 갖추고 있습니다.

RANK 141
Part 5 ★★★★★ Part 6 ★★★★ Part 7 ★★★★★ Total ★★★★★

Design
[dɪzaɪn]

[v] 디자인하다
He was the one who designed the company building.
저 사람이 회사 건물을 디자인한 사람이다.

[v] (체제, 방법)설계하다
We must hire someone to design the new project.
새로운 프로젝트를 설계하기 위해 누군가를 고용해야 합니다.

[v] 만들다, 고안하다
The advertisement was designed to raise questions.
그 광고는 궁금증을 불러일으키도록 만들어졌다.

[n] 디자인
The design for the poster is very simple.
포스터의 디자인은 아주 간단합니다.

[n] 설계
The room's design was incredible.
방의 설계는 아주 놀라웠습니다.

홍샘의 포인트 강의

토익에서 design은 우리가 생각하는 '제품의 겉모습'이란 의미보다는 '기획하다, 의도하다'라는 의미에 가깝습니다. '~를 위해 의도되다, 기획되다'란 표현으로 [be designed to 부정사]를 쓰거나 혹은 [be designed for 명사]를 씁니다.

RANK 142
Part 5 ★★★★ Part 6 ★★★★★ Part 7 ★★★★★ Total ★★★★★

Increase
[ɪnkriːs] [ɪŋkriːs]

[v] 증가하다, 인상되다, 늘다, 증가시키다, 늘리다
We are planning to increase the number of employees this month.
이번 달에 직원의 수를 늘릴 예정이다.

[n] 증가, 인상
The increase in the costs of production is substantial.
생산 비용의 인상은 상당합니다.

홍샘의 포인트 강의

상승과 하락, 성장과 쇠퇴를 의미하는 동사들은 주로 자동사로 쓰입니다. 예를 들면 rise(오르다), fall(떨어지다), increase(증가하다), decrease(감소하다), decline(내려가다), grow(성장하다), drop(떨어지다) 등이 있습니다.

RANK 143

Part 5 ★★★★★   Part 6 ★★★★   Part 7 ★★★★★   Total ★★★★★

Previous
[príːviəs]

[a] 이전의, 먼젓번의
This version of the product is not that different from the previous one.
이번 버전의 제품은 이전 제품과 별로 다르지 않다.

RANK 144

Part 5 ★★★★   Part 6 ★★★★★   Part 7 ★★★★★   Total ★★★★★

Refer
[rifə́ːr]

[v] 조회시키다, 참조시키다
Refer to the syllabus to look at the plans for this semester.
이번 학기의 계획을 보기 위해서 교수요목을 참조하시길 바랍니다.

[v] 위탁하다, 맡기다, 회부하다
I referred the draft for revision.
저는 초안을 검토받기 위해 맡겼습니다.

[v] ~의 탓으로 하다, ~를 ~에 돌리다
I refer to my lack of study for my grades this semester.
이번 학기의 성적은 공부의 부족함 때문이다.

[v] ~을 ~에 속하는 것으로 하다
This issue is referred to the field of science.
이 쟁점은 과학 분야에 속하는 것으로 간주 된다.

[v] 사람의 주의를 돌리게 하다, ~에 주목시키다
The good results of the project referred the board to the process of completion.
프로젝트의 좋은 결과는 이사회의 주의를 완성 과정으로 돌렸다.

[v] 언급하다, 인용하다
Do not ever refer to his name again.
다시는 그의 이름을 언급하지 마세요.

[v] 관계가 있다, 관련되다, 적용하다
The theory refers to a broad number of cases.
그 이론은 많은 경우에 적용이 된다.

RANK 145

Part 5 ★★★★   Part 6 ★★★★★   Part 7 ★★★★★   Total ★★★★★

Recommend
[rekəménd]

[v] 추천하다, 권고하다
These books are recommended in order to gain knowledge about the field.
그 분야에 대한 지식을 얻기 위해서는 이 책들을 읽는 것을 추천한다.

홍샘의 포인트 강의

recommend(권유하다), suggest(제안하다), ask(요청하다), require(요구하다), request(요청하다)등의 동사들은 보통 뒤에 that절이 목적어로 오며 상대방의 행동을 권유하거나 제안 및 요청을 하는 표현들입니다. 이 동사들을 사용할 경우 that절에 조동사 should가 등장하지만, 일반적으로 생략하므로 동사원형만 남게 됩니다.

RANK 146

Part 5 ★★★★★ Part 6 ★★★★ Part 7 ★★★★★ Total ★★★★★

Grant
[grænt]

[v] 주다, 승인하다, 인정하다
The genie from the lamp said he would grant three wishes for his master.
램프의 요정은 주인을 위해 세 가지 소원을 들어준다고 했다.

[n] 보조금
The farmers that were affected by the recent storm will be given grants from the government.
이번 폭풍으로 인해 피해를 본 농부들은 정부에게서 보조금을 받을 것이다.

RANK 147

Part 5 ★★★★ Part 6 ★★★★ Part 7 ★★★★★ Total ★★★★★

Competitor
[kəmpetɪtə(r)]

[n] 경쟁자, 경쟁 상대
The two companies are competitors in the field of smartphone production.
스마트폰 생산에 있어서 두 회사는 경쟁 상대이다.

RANK 148

Part 5 ★★★★ Part 6 ★★★★ Part 7 ★★★★★ Total ★★★★★

Expect
[ɪkspekt]

[v] 예상하다, 기대하다
We expect to see good results from the company this quarter.
이번 분기에 회사의 좋은 결과를 보기를 기대합니다.

[v] 요구하다
All the people attending the event are expected to dress appropriately.
행사에 참여하는 사람들은 모두 적절하게 의복을 갖추고 오도록 요구됩니다.

RANK 149

Part 5 ★★★★ Part 6 ★★★★ Part 7 ★★★★★ Total ★★★★★

Deal with
[diːl] [wɪð]

[v] 처리하다
The manager will have to deal with the problem.
이 문제는 경영자가 처리를 해야 할 것이다.

RANK 150

Part 5 ★★★★ Part 6 ★★★★ Part 7 ★★★★★ Total ★★★★★

Call
[kɔːl]

[v] 부르다, 전화하다
The people of the town called the old man a great man.
동네 사람들은 그 노인을 위대한 사람이라고 불렀다.

[n] 전화
Mr. Jang received an urgent call from his colleague.
Mr. Jang은 그의 동료로부터 긴급한 전화를 받았다.

RANK 151

Part 5 ★★★★ Part 6 ★★★★★ Part 7 ★★★★★ Total ★★★★★

Participate
[pɑːrtɪsɪpeɪt]

[v] 참가하다
I will participate as long as he shows up.
그 사람도 행사에 참여하면 저도 참석하겠습니다.

RANK 152

Part 5 ★★★★　Part 6 ★★★★　Part 7 ★★★★★　Total ★★★★★

Following
[fɑ:loʊɪŋ]

[a] 그 다음의
You will find answers in the following page.
답들은 그 다음 장에서 찾을 수 있습니다.

[prep] ~에 따라
Following the financial crisis, many companies had to lay off several employees.
경제 위기에 따라 많은 회사들이 여러 직원들을 해고해야 했다.

RANK 153

Part 5 ★★★★　Part 6 ★★★★　Part 7 ★★★★★　Total ★★★★★

Analyst
[ænəlɪst]

[n] 분석가
The economic analyst wrote an article yesterday.
경제 평론가는 어제 기사를 썼다.

RANK 154

Part 5 ★★★★　Part 6 ★★★★　Part 7 ★★★★★　Total ★★★★★

Performance
[pərfɔ:rməns]

[n] 공연, 연주회
There will be a performance after the seminar.
세미나가 끝나고 공연이 있을 것입니다.

홍샘의 포인트 강의
performance는 '업무'를 의미하기도 하지만 '공연'이란 의미로도 자주 등장합니다.

RANK 155

Part 5 ★★★★　Part 6 ★★★★★　Part 7 ★★★★★　Total ★★★★★

Increasing
[ɪnkri:sɪŋ]

[a] 증대하는, 증가하는
Increasing costs
증가하는 비용

RANK 156

Part 5 ★★★★★　Part 6 ★★★★　Part 7 ★★★★　Total ★★★★★

Adequately
[ædikwitli]

[ad] 충분히, 적절히
This team of members is not fit to adequately carry out the job.
이 팀의 구성원들은 업무를 적절하게 수행하기에 적합하지 않다.

RANK 157

Part 5 ★★★★　Part 6 ★★★★　Part 7 ★★★★★　Total ★★★★★

Outstanding
[aʊtstændɪŋ]

[a] 뛰어난, 걸출한
The company showed outstanding results this year.
회사는 이번 해에 뛰어난 결과를 보여주었습니다.

RANK 158

Part 5 ★★★★　Part 6 ★★★★　Part 7 ★★★★★　Total ★★★★★

Join
[dʒɔɪn]

[v] 연결하다, 합쳐지다, 가입하다, 입사하다
She will be joining the board next week.
그녀는 다음 주에 이사회와 함께 일하게 될 것이다.

RANK 159
Part 5 ★★★★★ Part 6 ★★★★ Part 7 ★★★★ Total ★★★★★

Complete
[kəmpli:t]

[v] (서식 등을) 작성하다
Have you completed the report?
보고서 작성을 끝내셨습니까?

[a] 필요한 모든 것이 갖춰진, 완전한
A complete list of the products is needed.
완전한 제품 목록이 필요합니다.

RANK 160
Part 5 ★★★★ Part 6 ★★★★ Part 7 ★★★★★ Total ★★★★★

Way
[weɪ]

[n] 방법, 방식, 식, 투
There are several ways to guarantee your promotion.
당신의 승진을 보장할 수 있는 여러 가지 방법이 있습니다.

RANK 161
Part 5 ★★★★ Part 6 ★★★★ Part 7 ★★★★★ Total ★★★★★

Assist
[əsɪst]

[v] 돕다, 지원하다
My secretary will assist you in anything you need.
저의 비서가 필요하신 모든 부분에 있어서 도와 드릴 것입니다.

RANK 162
Part 5 ★★★★ Part 6 ★★★★ Part 7 ★★★★★ Total ★★★★★

Known for
[noʊn] [fə(r)]

[a] ~로 알려진
He is known for his research in Politics.
그는 정치학의 연구로 알려진 사람이다.

RANK 163
Part 5 ★★★★ Part 6 ★★★★ Part 7 ★★★★★ Total ★★★★★

Hire
[haɪə(r)]

[v] 빌리다, 고용하다
A new employee will be hired to help that department.
그 부서를 돕기 위해 새로운 직원이 고용될 것이다.

[n] 빌림, 대여, 신입 사원
It is typical for a hire to act that way.
신입 사원이 그렇게 행동하는 것은 당연하다.

RANK 164
Part 5 ★★★★ Part 6 ★★★★ Part 7 ★★★★★ Total ★★★★★

Detail
[di:teɪl]

[n] 세부사항
More details will be included in the pamphlet.
추가적인 세부사항은 팸플릿에 포함되어 있을 것입니다.

[v] 상세히 알리다
Your department needs to detail the issues clearly.
당신의 부서는 문제들에 대해 상세히 알려주셔야 합니다.

RANK 165
Part 5 ★★★★★　Part 6 ★★★★　Part 7 ★★★★　Total ★★★★★

Closely
[klóusli]

[ad] 접근하여, 바싹, 꽉, 엄중히, 밀접하게, 열심히
This matter is closely related with you.
이 상황은 너와 밀접하게 관련되어 있다.

RANK 166
Part 5 ★★★★　Part 6 ★★★★★　Part 7 ★★★★　Total ★★★★★

Agreement
[əgríːmənt]

[n] 협정, 합의
You broke our agreement with your actions.
당신은 당신의 행위로 우리의 협정을 깨트렸다.

RANK 167
Part 5 ★★★★　Part 6 ★★★★　Part 7 ★★★★★　Total ★★★★★

Asset
[ǽset]

[n] 자산, 재산
All our employees are valuable assets to our company.
모든 직원들은 우리 회사에 아주 귀중한 자산입니다.

홍샘의 포인트 강의

an asset의 경우 '자산'이란 의미로 일반적으로 해석이 되지만 아주 포괄적인 의미를 가지고 있어서 주식, 부동산 등의 자산뿐만 아니라 능력이나 인력을 의미하기도 합니다. 예를 들면 아주 훌륭한 인재는 한 회사에 있어서 훌륭한 자산(a great asset to a company)이라고 표현되기도 합니다.

RANK 168
Part 5 ★★★★★　Part 6 ★★★★★　Part 7 ★★★★　Total ★★★★★

Carefully
[kɛ́ərfəli]

[ad] 주의하여, 조심스럽게, 신중히
It is important to make the decision carefully.
신중하게 결정하는 것이 중요하다.

RANK 169
Part 5 ★★★★★　Part 6 ★★★★　Part 7 ★★★★　Total ★★★★★

Application
[æplɪkeɪʃn]

[n] 적용, 이용, 응용
The application of everything you have learned will be required.
당신이 지금까지 배운 모든 것의 적용이 필요할 것입니다.

[n] 신청, 신청서
I will need your application form by next week.
다음 주까지 너의 신청서가 필요해.

RANK 170
Part 5 ★★★★　Part 6 ★★★★　Part 7 ★★★★★　Total ★★★★★

Move
[muːv]

[v] 움직이다, 옮기다, 이사하다
Please move your desks to the other side of the room.
책상들을 방의 반대쪽으로 옮겨주세요.

[n] 이동, 이사
Our company went through a move last week.
지난주에 우리 회사는 이사했습니다.

RANK 171

Part 5 ★★★★ | Part 6 ★★★★★ | Part 7 ★★★★ | Total ★★★★★

Capability
[keɪpəbɪləti]

[n] 능력, 역량
Mr. Rogers has the right capabilities to lead the company.
Mr. Rogers는 이 회사를 이끌어 갈 수 있는 적합한 능력을 갖추고 있다.

RANK 172

Part 5 ★★★★ | Part 6 ★★★★ | Part 7 ★★★★★ | Total ★★★★★

Applicant
[æplɪkənt]

[n] 지원자, 신청자
More than enough applicants have registered.
필요한 것보다 훨씬 더 많은 신청자들이 등록했다.

RANK 173

Part 5 ★★★★ | Part 6 ★★★★ | Part 7 ★★★★★ | Total ★★★★★

Charity
[tʃærəti]

[n] 자선행사, 자선 단체
The company gave a substantial amount of money for charity.
회사는 자선행사를 위해 상당한 금액을 기부했다.

RANK 174

Part 5 ★★★★ | Part 6 ★★★★ | Part 7 ★★★★★ | Total ★★★★★

Commercial
[kəmɜːrʃl]

[a] 상업의, 상업적인
The product has no commercial value.
그 제품은 상업적인 가치가 없다.

RANK 175

Part 5 ★★★★★ | Part 6 ★★★★ | Part 7 ★★★★ | Total ★★★★★

Approach
[əproʊtʃ]

[v] 다가오다
I was quite afraid when my boss approached me.
나는 상사가 다가왔을 때 두려움을 느꼈다.

[n] 접근법, 다가옴, 접촉
In order for it to be successful, this project needs the right approach.
이 프로젝트가 성공하기 위해서는 적합한 접근법이 필요하다.

RANK 176

Part 5 ★★★★ | Part 6 ★★★★ | Part 7 ★★★★★ | Total ★★★★★

Interview
[ɪntərvjuː]

[n] 인터뷰, 취재 방문
The president provided answers to the questions during the interview.
대통령은 인터뷰에서 질문들에 대한 답을 제공했다.

[n] 면접
There will be an interview as the last step of the application process.
지원 과정의 마지막 단계로 면접이 있을 것입니다.

[v] ~와 면담하다, 면접하다
I was interviewed for over an hour.
저는 한 시간 넘게 면접을 했습니다.

RANK 177

Part 5 ★★★★　Part 6 ★★★★　Part 7 ★★★★★　Total ★★★★★

Invest
[ɪnvest]

[v] 투자하다
We encourage you to invest in our company.
우리 회사에 투자하는 것을 장려합니다.

RANK 178

Part 5 ★★★★　Part 6 ★★★★　Part 7 ★★★★★　Total ★★★★★

Result
[rɪzʌlt]

[n] 결과, 결실
The results were very disappointing.
결과는 아주 실망스러웠습니다.

[v] 발생하다, 생기다
The rain resulted in a flood.
비로 인해 홍수가 발생했다.

RANK 179

Part 5 ★★★★★　Part 6 ★★★★　Part 7 ★★★★　Total ★★★★★

Drastically
[dræstikəli]

[ad] 과감하게, 철저하게
The sales figure has drastically increased since last year.
작년 이후로 매출액은 과감하게 상승해왔다.

홍샘의 포인트 강의

상승이나 하락을 나타내는 동사들은 흔히 다음과 같은 부사들과 같이 쓰입니다. '급격히'란 의미로 drastically, dramatically, sharply를 쓰고, '상당히'란 의미로 considerably, significantly, substantially를 많이 씁니다.

RANK 180

Part 5 ★★★★　Part 6 ★★★★　Part 7 ★★★★★　Total ★★★★★

Budget
[bʌdʒɪt]

[n] 예산
We do not have the budget to carry out your plans.
우리는 당신의 계획을 수행하기 위한 예산을 갖고 있지 않습니다.

RANK 181

Part 5 ★★★★　Part 6 ★★★★　Part 7 ★★★★★　Total ★★★★★

Advanced
[ədvænst]

[a] 선진의
Advanced techniques are needed to produce the goods.
재화를 생산하기 위해선 선진 기술이 필요하다.

RANK 182

Part 5 ★★★★　Part 6 ★★★★　Part 7 ★★★★★　Total ★★★★★

Assume
[əsuːm]

[v] 추정하다, 가정하다
I am assuming that he lost his job.
나는 그가 직업을 잃었다고 추정하고 있다.

RANK 183

Part 5 ★★★★★　Part 6 ★★★★　Part 7 ★★★★　Total ★★★★★

Currently
[kɜːrəntli]

[ad] 현재, 지금
There is currently a meeting going on in the office.
현재 사무실에서 회의가 진행 중입니다.

RANK 184
Part 5 ★★★★ Part 6 ★★★★ Part 7 ★★★★★ Total ★★★★★

Interesting
[ɪntrəstɪŋ]

[a] 재미있는, 흥미로운
The interview with the new employee was interesting.
신입 사원과의 면접은 아주 흥미로웠습니다.

RANK 185
Part 5 ★★★★ Part 6 ★★★★★ Part 7 ★★★★ Total ★★★★★

Competition
[kɑːmpətɪʃn]

[n] 경쟁
Competition is sometimes necessary in order to progress.
발전하기 위해서는 가끔 경쟁이 필요하다.

RANK 186
Part 5 ★★★★ Part 6 ★★★★ Part 7 ★★★★★ Total ★★★★★

Inspect
[ɪnspekt]

[v] 점검하다
The mechanic will inspect the machine.
정비공은 기계를 점검할 것입니다.

[v] 사찰하다, 순시하다
The guard will inspect the building at night.
경비원은 밤에 건물을 사찰할 것이다.

RANK 187
Part 5 ★★★★ Part 6 ★★★★ Part 7 ★★★★★ Total ★★★★★

Ceremony
[serəmouni]

[n] 의식, 식
The closing ceremony for the event is always interesting.
그 행사의 폐막식은 항상 흥미롭습니다.

RANK 188
Part 5 ★★★★ Part 6 ★★★★ Part 7 ★★★★★ Total ★★★★★

Instruction
[ɪnstrʌkʃn]

[n] 설명, 지시
Instructions on how to operate the machine will be provided.
기계 작동법에 대한 설명이 제공될 것입니다.

RANK 189
Part 5 ★★★★★ Part 6 ★★★★ Part 7 ★★★★ Total ★★★★★

As soon as
[əz] [suːn] [əz]

[conj] ~하자마자
Deliver the package to me as soon as it arrives.
택배가 도착하자마자 나에게 가져와 주세요.

RANK 190
Part 5 ★★★★★ Part 6 ★★★★ Part 7 ★★★★ Total ★★★★★

Collection
[kəlekʃn]

[n] 수집품, 무리, 수집, 모음집
His grandfather has a collection of coins.
그의 할아버지는 동전 수집품이 있습니다.

RANK 191

Part 5 ★★★★ Part 6 ★★★★ Part 7 ★★★★★ Total ★★★★★

Analysis
[ənæləsɪs]

[n] 분석 연구
Your insightful analysis helped us make the right decisions last week.
당신의 통찰력 있는 분석 연구로 인해 우리는 지난주에 적절한 결정을 내릴 수 있었습니다.

RANK 192

Part 5 ★★★★★ Part 6 ★★★★ Part 7 ★★★★ Total ★★★★★

Efficiently
[ɪfɪʃəntli]

[ad] 능률적으로, 유효하게
We need employees who can work efficiently under all conditions.
우리는 어떤 상황에서도 능률적으로 일할 수 있는 직원들이 필요합니다.

RANK 193

Part 5 ★★★★★ Part 6 ★★★★ Part 7 ★★★★ Total ★★★★★

Complain
[kəmpleɪn]

[v] 불평하다
A lot of people have started complaining about the noise.
소음 때문에 많은 사람이 불평하기 시작했습니다.

RANK 194

Part 5 ★★★★ Part 6 ★★★★ Part 7 ★★★★★ Total ★★★★★

Decline
[dɪklaɪn]

[v] 줄어들다, 거절하다
His father declined to see him in his office.
그의 아버지는 그를 사무실에서 보는 것을 거절했다.

[n] 감소
We are experiencing a decline in the amount of water.
우리는 물의 감소를 경험하고 있습니다.

RANK 195

Part 5 ★★★★ Part 6 ★★★★ Part 7 ★★★★★ Total ★★★★★

Find
[faɪnd]

[v] 찾다, 찾아내다
You need to find the right company to do the job.
당신은 이 업무를 제대로 수행할 수 있는 회사를 찾아야 합니다.

RANK 196

Part 5 ★★★★ Part 6 ★★★★ Part 7 ★★★★★ Total ★★★★★

Specifications
[spesɪfɪkeɪʃnz]

[n] 설계 명세서, 시방서
We do not need that material according to the specifications of this building.
이 건물의 설계 명세서에 의하면 그 재료가 필요하지 않습니다.

RANK 197
Part 5 ★★★★★ Part 6 ★★★★ Part 7 ★★★★ Total ★★★★★

Considerably
[kənsɪdərəbli]

[ad] 많이, 상당히
The net income has risen considerably.
순이익이 상당히 올랐다.

RANK 198
Part 5 ★★★★★ Part 6 ★★★★ Part 7 ★★★★ Total ★★★★★

Dramatically
[drəmætikəli]

[ad] 극적으로
My dad entered the room dramatically.
우리 아버지는 극적으로 방에 들어왔다.

RANK 199
Part 5 ★★★★ Part 6 ★★★★ Part 7 ★★★★★ Total ★★★★★

Management
[mænɪdʒmənt]

[n] 경영, 감독, 관리
The problem with the management branch has been affecting our entire company.
경영 부서의 문제점들 때문에 회사 전체가 영향을 받고 있습니다.

RANK 200
Part 5 ★★★★ Part 6 ★★★★ Part 7 ★★★★★ Total ★★★★★

Opportunity
[ɑːpərtuːnəti]

[n] 기회
You will each have an opportunity to apply.
모두 다 지원할 기회가 있을 것입니다.

RANK 201
Part 5 ★★★★ Part 6 ★★★★ Part 7 ★★★★★ Total ★★★★★

Manner
[mænə(r)]

[n] 방식
The manner in which you have acted will not be tolerated.
당신이 행동한 방식은 용납되지 않을 것입니다.

> **홍샘의 포인트 강의**
>
> [in a + 형용사 + manner]는 '~한 방식으로'란 의미로 여러 가지 표현을 만들 수 있습니다.
>
> in a courteous manner 정중하게
> in a timely manner 시기적절하게
> in an orderly manner 순서대로

RANK 202
Part 5 ★★★★ Part 6 ★★★★ Part 7 ★★★★★ Total ★★★★★

Signature
[sɪgnətʃə(r)]

[n] 서명
The papers need your signature to be approved.
문서들이 승인되려면 당신의 서명이 필요합니다.

RANK 203
Part 5 ★★★★ Part 6 ★★★★ Part 7 ★★★★★ Total ★★★★★

Remind
[rɪmaɪnd]

[v] 상기시키다
Please be reminded to walk around the swimming pool.
수영장 주변에서는 반드시 걸어 다녀야 됨을 상기해 주세요.

RANK 204
Part 5 ★★★★★　Part 6 ★★★★　Part 7 ★★★★　Total ★★★★★

Directly
[dərektli]

[ad] 바로, 곧장
Please go directly to the main office.
중앙 사무실로 바로 가시길 바랍니다.

RANK 205
Part 5 ★★★★★　Part 6 ★★★★　Part 7 ★★★★　Total ★★★★★

Address
[ədres] [ædres]

[v] 연설하다
The president of the company will now address the people.
회장님께서 이제 시민들을 위해 한 말씀 하실 것입니다.

[v] 고심하다, 다루다
I will have to address the issue our family is facing right now.
지금 우리 가족이 겪고 있는 문제에 대해 고심해야 될 것 같습니다.

[n] 주소
Please send the package to this address.
이 주소로 택배를 보내주세요.

[n] 연설
The head of the board will make an address.
이사회의 대표가 이제 연설을 할 것입니다.

RANK 206
Part 5 ★★★★★　Part 6 ★★★★　Part 7 ★★★★　Total ★★★★★

Dedicated
[dedɪkeɪtɪd]

[a] 전념하는, 헌신적인
One way to get promoted quickly is to show how dedicated you are.
빨리 승진 할 수 있는 한 가지 방법은 당신이 얼마나 헌신적인지 보여주는 것이다.

RANK 207
Part 5 ★★★★　Part 6 ★★★★　Part 7 ★★★★★　Total ★★★★★

Inform
[ɪnfɔːrm]

[v] 알리다
You have to inform your parents about the decision.
결정한 바에 대해 너의 부모님에게 알려야 해.

RANK 208
Part 5 ★★★★　Part 6 ★★★★　Part 7 ★★★★★　Total ★★★★★

Supplier
[səplaɪə(r)]

[n] 공급자, 공급회사
That company is our main supplier of water.
저 회사는 우리 물을 공급해주는 주 회사다.

RANK 209
Part 5 ★★★★　Part 6 ★★★★　Part 7 ★★★★★　Total ★★★★★

Due
[duː]

[a] 예정인, 만기인
The baby is due in 9 months.
아기는 아홉 달 후에 태어날 예정이다.

> **홍샘의 포인트 강의**
> due date란 '기한일'이란 뜻으로 due는 '~까지가 기한인'이라는 형용사로 쓸 수 있습니다.

RANK 210
Part 5 ★★★★　Part 6 ★★★★　Part 7 ★★★★★　Total ★★★★★

Proceeds
[proʊsiːdz]

[n] 돈, 수익금
The proceeds will have to go through my department first.
수익금은 우리 부서를 먼저 거쳐야 합니다.

RANK 211
Part 5 ★★★★　Part 6 ★★★★　Part 7 ★★★★★　Total ★★★★★

Professional
[prəfeʃənl]

[n] 전문직 종사자, 전문가
The doctor is a professional in the field of medicine.
그 의사는 의약 분야에 있어서 전문가이다.

[a] 전문적인, 능숙한, 프로의
I need your professional opinion on this.
저는 당신의 전문적인 의견이 필요해요.

RANK 212
Part 5 ★★★★　Part 6 ★★★★　Part 7 ★★★★★　Total ★★★★★

Destination
[destɪneɪʃn]

[n] 목적지, 도착지
There are two hours until we arrive at our destination.
우리의 목적지에 도착하기까지 두 시간 남았다.

RANK 213
Part 5 ★★★★　Part 6 ★★★★　Part 7 ★★★★★　Total ★★★★★

Subscribe
[səbskraɪb]

[v] 구독하다, 가입하다
Subscribing to the business magazines helps you become a better professional.
비즈니스 잡지를 정기구독 하는 것은 당신이 보다 나은 전문가가 될 수 있도록 도와준다.

RANK 214
Part 5 ★★★★　Part 6 ★★★★　Part 7 ★★★★★　Total ★★★★★

Improve
[ɪmpruːv]

[v] 개선되다, 나아지다; 개선하다, 향상시키다
It does not look like the situation is going to improve.
상황은 더 나아질 것 같지 않습니다.

RANK 215

Part 5 ★★★★★ Part 6 ★★★★ Part 7 ★★★★ Total ★★★★★

Useful
[juːsfl]

[a] 유용한, 도움이 되는
The book was very useful in my research.
그 책은 나의 연구에 아주 유용했다.

RANK 216

Part 5 ★★★★ Part 6 ★★★★ Part 7 ★★★★★ Total ★★★★★

Reschedule
[riːskedʒuːl]

[v] 일정을 변경하다
I will have to reschedule my appointment with the doctor
의사와의 일정을 변경해야 할 것입니다.

RANK 217

Part 5 ★★★★ Part 6 ★★★★ Part 7 ★★★★★ Total ★★★★★

On behalf of A
[ɑ] [bihǽf] [ʌv]

[prep] A를 대신하여
I will go to the meeting on behalf of the board.
이사회를 대신하여 회의에 가겠습니다.

RANK 218

Part 5 ★★★★ Part 6 ★★★★ Part 7 ★★★★★ Total ★★★★★

Intend
[ɪntend]

[v] 의도하다, 생각하다
I intend to go to this year's festival.
저는 이번 해 축제에 갈 생각을 하고 있다.

RANK 219

Part 5 ★★★★ Part 6 ★★★★ Part 7 ★★★★★ Total ★★★★★

Potential
[pətenʃl]

[n] 가능성, 잠재력
The student shows a lot of potential in his classes.
그 학생은 수업 시간에 많은 잠재력을 보여주고 있습니다.

[a] 가능성이 있는, 잠재적인
They are potential candidates for the management position.
그들은 경영자 위치에 적합한 잠재적인 후보자들이다.

홍샘의 포인트 강의

토익에서는 한 단어가 형용사로도 쓰이고 명사로도 쓰인 경우가 종종 있는데 potential이라는 단어가 바로 그렇습니다. 형용사로 쓰이면 '잠재적인', 명사로 쓰이면 '잠재력'이 됩니다. alternative는 형용사로 쓰이면 '대안의', 명사로 쓰이면 '대안, 또 다른 방법'이란 의미가 됩니다. 마지막으로 professional이 형용사로 쓰이면 '전문적인', 명사로 쓰이면 '전문직종인(사람)'의 의미가 됩니다. 항상 형용사가 명사가 될 수 있음을 염두에 두고 만약 형용사로 알고 있던 단어 뒤에 -s가 붙으면 명사로 사용된 것으로 이해하면 됩니다.

RANK 220

Part 5 ★★★★★ Part 6 ★★★★ Part 7 ★★★★ Total ★★★★★

Lately
[leɪtli]

[ad] 최근에, 얼마 전에
He has been under a lot of stress lately.
최근에 그는 많은 스트레스를 받았다.

RANK 221

Part 5 ★★★★★ Part 6 ★★★★ Part 7 ★★★★ Total ★★★★★

Encourage
[ɪnk3:rɪdʒ]

[v] 격려하다, 용기를 북돋우다
It is always good to encourage your students.
학생들을 격려하는 것은 항상 좋다.

[v] 권장하다, 장려하다
Customers are encouraged to use their own cups.
손님들은 본인의 컵을 사용하길 권장합니다.

RANK 222

Part 5 ★★★★ Part 6 ★★★★ Part 7 ★★★★★ Total ★★★★★

Look through
[lʊk] [θru:]

[v] 검토하다
Look through the files again for any mistakes.
틀린 부분이 있는지 다시 한 번 검토하세요.

RANK 223

Part 5 ★★★★ Part 6 ★★★★ Part 7 ★★★★★ Total ★★★★★

Out of order
[aʊt] [ʌv] [ɔ:rdə(r)]

[a] 고장 난
The printer is out of order.
그 프린터기는 고장 났다.

RANK 224

Part 5 ★★★★ Part 6 ★★★★ Part 7 ★★★★★ Total ★★★★★

Transportation
[trænspɔ:rteɪʃn]

[n] 수송, 차량, 이동방법
My favorite way to travel around the city is to take public transportation.
제가 좋아하는 도시여행 방법은 대중교통을 이용하는 것이다.

RANK 225

Part 5 ★★★★ Part 6 ★★★★ Part 7 ★★★★★ Total ★★★★★

Receipt
[rɪsi:t]

[n] 수령
Please notify me of any receipt of mail.
어떠한 우편 수령이던지 제게 알려주세요.

[n] 영수증
You will need to show your receipt in order to receive a refund.
당신은 환불을 받기 위해 영수증을 제시해야 한다.

RANK 226

Part 5 ★★★★ Part 6 ★★★★ Part 7 ★★★★★ Total ★★★★★

Report
[rɪpɔ:rt]

[n] 보도, 기록, 보고서
Hand in your reports on yesterday's seminar.
어제 세미나에 대한 보고서를 제출해라.

[v] 알리다
The results of the survey have already been reported to Mr. Johnson.
그 조사 결과는 이미 벌써 Johnson씨에게 보고되었다.

RANK 227
Part 5 ★★★★ Part 6 ★★★★ Part 7 ★★★★★ Total ★★★★★

Permission
[pərmɪʃn]

[n] 허락, 허가
Permission from the management branch is required to make that decision.
그 결정을 하기 위해서는 관리부서로부터 허락이 요구된다.

RANK 228
Part 5 ★★★★ Part 6 ★★★★ Part 7 ★★★★★ Total ★★★★★

Proceed
[proʊsiːd]

[v] 진행하다
In order to proceed as planned, we need to recruit more workers.
계획대로 진행하기 위해서, 우리는 더 많은 직원들을 고용해야 한다.

> **홍샘의 포인트 강의**
> proceed는 원래 자동사로 '일이 진행되어 나아가다'의 의미가 있습니다. 하지만 -s를 붙여서 복수를 만들 경우에는 명사로 보아 '수익금'이 됩니다.

RANK 229
Part 5 ★★★★★ Part 6 ★★★★ Part 7 ★★★★ Total ★★★★★

Promptly
[prɑːmptli]

[ad] 지체 없이, 정확히, 제시간에, 즉시
The meeting started promptly after Mr. Stevens arrived.
Mr. Stevens 가 도착한 후 즉시 모임은 시작되었다.

RANK 230
Part 5 ★★★★ Part 6 ★★★★ Part 7 ★★★★★ Total ★★★★★

Experienced
[ɪkspɪriənst]

[A] 경험이 있는, 능숙한
It's better to hire an experienced personnel than a recently graduated candidate.
최근 졸업한 지원자보다 경험 있는 인원을 고용하는 것이 낫습니다.

RANK 231
Part 5 ★★★★ Part 6 ★★★★ Part 7 ★★★★★ Total ★★★★★

Recommendation
[rekəmendeɪʃn]

[n] 권고, 추천장
I would like to ask you for a recommendation letter.
저는 당신에게 추천장을 부탁하고 싶다.

RANK 232
Part 5 ★★★★ Part 6 ★★★★ Part 7 ★★★★★ Total ★★★★★

Replace
[rɪpleɪs]

[v] 대신하다, 대체하다, 교체하다
Please replace the broken parts of the machines with new ones.
기계의 고장 난 부품을 새 부품으로 바꿔주세요.

> **홍샘의 포인트 강의**
> replace의 경우 '재료나 부품을 교체한다'는 의미 이외에 사람에 대해 쓸 때는 '직책을 대신한다'는 의미가 있습니다. 그러므로 replacement의 경우 '부품 교체'도 의미하지만 '직책을 대신 맡게 될 사람'의 의미도 있습니다.

RANK 233

Part 5 ★★★★　Part 6 ★★★★　Part 7 ★★★★★　Total ★★★★★

Reception
[rɪsepʃn]

[n] 접수처
Please call reception for any questions.
어떠한 질문이던지 접수처에 문의하세요.

RANK 234

Part 5 ★★★★　Part 6 ★★★★　Part 7 ★★★★★　Total ★★★★★

Preference
[prefrəns]

[n] 선호(도), 애호
The preferences of consumers are very important for our analysis.
소비자들의 선호도는 우리의 분석연구에 아주 중요하다.

RANK 235

Part 5 ★★★★　Part 6 ★★★★　Part 7 ★★★★★　Total ★★★★★

Project
[prɑːdʒekt] [prədʒekt]

[n] 계획, 프로젝트
Let Tracy explain the project to you.
Tracy가 그 프로젝트를 너에게 설명하도록 하세요.

[v] 계획하다, 기획하다
The company projected that to take up a new marketing strategy.
회사는 새로운 마케팅 전략을 계속 진행할 수 있도록 그것을 계획했다.

[v] 예상하다, 추정하다
The finance team projected that the company will make a profit next month.
재정 팀은 다음 달에 회사가 이윤을 낼 것이라 추정했다.

RANK 236

Part 5 ★★★★　Part 6 ★★★★　Part 7 ★★★★★　Total ★★★★★

Review
[rɪvjuː]

[v] 재검토하다
Please review the draft before turning it in.
제출하기 전에 그 초안을 재검토하세요.

[n] 검토
I will upload the files on the company website for review.
나는 검토를 위해 그 회사 웹사이트에 파일들을 올릴 것이다.

RANK 237

Part 5 ★★★★　Part 6 ★★★★　Part 7 ★★★★★　Total ★★★★★

Notify
[noʊtɪfaɪ]

[v] 알리다
Notify the office that there will be a meeting today.
회사에 오늘 모임이 있을 것이라고 알려라.

RANK 238

Part 5 ★★★★　Part 6 ★★★★　Part 7 ★★★★★　Total ★★★★★

Problems
[prɑːbləm]

[n] 문제
Unemployment is a very real problem for graduates now.
실업이 이제는 대학졸업자들에게 아주 현실적인 문제이다.

홍샘의 포인트 강의

problems는 전치사 with와 함께 자주 쓰입니다.

RANK 239

Part 5 ★★★★　Part 6 ★★★★　Part 7 ★★★★★　Total ★★★★★

Permanently
[pə́:rmənəntli]

[ad] 영구히, 불변으로
He went permanently blind after the accident.
사고 후에 그는 영구히 시력을 잃게 되었다.

RANK 240

Part 5 ★★★★　Part 6 ★★★★　Part 7 ★★★★★　Total ★★★★★

Succeed
[səksí:d]

[v] 성공하다
One must study hard in order to succeed.
성공하기 위해선 열심히 공부해야 한다.

[v] 물려받다, 승계하다
Roger succeeded his father as manager of the company.
Roger는 그의 아버지의 뒤를 이어 회사의 관리인이 되었다.

홍샘의 포인트 강의
succeed는 자동사일 경우 '성공하다'이지만 타동사일 경우 '이어받다, 계승하다'입니다.

RANK 241

Part 5 ★★★★　Part 6 ★★★★　Part 7 ★★★★★　Total ★★★★★

Shift
[ʃɪft]

[v] 옮기다, 이동하다
Do you want me to shift these boxes?
당신은 제가 이 박스들을 옮기길 바라나요?

[n] 교대근무
I will be able to go home after my shift ends in 30 minutes.
나는 30분 뒤 교대근무가 끝난 후 집에 갈 수 있다.

RANK 242

Part 5 ★★★★　Part 6 ★★★★　Part 7 ★★★★★　Total ★★★★★

Research
[rɪsɜ́:rtʃ] [rɪsɜ́:tʃ]

[v] 조사하다, 연구하다
I need your team to research a new method of attracting customers.
저는 소비자들을 끌어들일 새로운 방법을 연구하기 위해 당신의 팀이 필요하다.

[n] 연구, 조사
According to the most recent research, the consumption of fast food in the United States has been increasing steadily.
최근 연구에 따르면, 미국에서 패스트푸드의 소비는 꾸준히 증가하고 있다.

RANK 243

Part 5 ★★★★　Part 6 ★★★★　Part 7 ★★★★★　Total ★★★★★

Suggest
[sədʒést]

[v] 제안하다, 제의하다
I suggest that you change your attitude before you cause any more problems in the office.
저는 당신이 사무실에서 어떠한 문제를 초래하기 전에 당신의 태도를 바꿀 것을 제안한다.

[v] 암시하다, 시사하다
The paper suggested that the government will reveal a new policy.
그 문서는 정부가 새로운 법안을 밝힐 것이라는 걸 암시했다.

RANK 244

Part 5 ★★★★ Part 6 ★★★★ Part 7 ★★★★★ Total ★★★★★

Take place
[teɪk] [pleɪs]

[v] 개최되다, 일어나다
The job fair will take place on the first week of the following month.
취업 박람회는 다음 달 첫 번째 주에 개최될 것이다.

RANK 245

Part 5 ★★★★ Part 6 ★★★★ Part 7 ★★★★★ Total ★★★★★

Skilled
[skɪld]

[a] 숙련된, 노련한
This training program aims to produce skilled workers.
이 교육 프로그램은 숙련된 직원을 배출하는 것을 목표로 합니다.

RANK 246

Part 5 ★★★★★ Part 6 ★★★★ Part 7 ★★★★ Total ★★★★★

Responsible
[rɪspɑ:nsəbl]

[a] 책임지고 있는
Mr. Lee is responsible for leading the sales team.
Mr. Lee는 판매 팀을 이끄는 것에 책임을 지고 있다.

[a] ~에게 보고할 의무가 있는
My boss is responsible to the members of the board.
나의 상사는 이사회 구성원들에게 보고해야 할 의무가 있다.

[a] 책임감 있는
Our company is looking for a responsible individual whom we can rely on.
우리 회사는 책임감이 있으며 우리가 신뢰 할 수 있는 사람을 찾고 있다.

[a] 책임이 막중한
You are responsible for any crimes you commit.
당신은 당신이 저지른 어떠한 범죄든 간에 책임이 막중하다.

홍샘의 포인트 강의

be responsible for는 '책임지다, 도맡다'의 의미이며, responsibility는 '책임, 업무, 몫'의 의미입니다. 비슷한 형태의 형용사 responsive는 '대처하는, 대응하는'이며 전치사 to를 동반합니다.

RANK 247

Part 5 ★★★★ Part 6 ★★★★ Part 7 ★★★★★ Total ★★★★★

Refreshments
[rɪfreʃmənts]

[n] 다과
You can find refreshments in the office next door.
당신은 옆방 사무실에서 다과를 찾을 수 있다.

RANK 248

Part 5 ★★★★ Part 6 ★★★★ Part 7 ★★★★★ Total ★★★★★

Market share
[mɑ:rkɪt] [ʃer]

[n] 시장 점유율
The members of this board own a substantial amount of the market share.
이 이사회의 구성원들은 상당한 양의 시장 점유율을 소유하고 있다.

RANK 249

Part 5 ★★★★ Part 6 ★★★★ Part 7 ★★★★★ Total ★★★★★

Transport
[trænspɔ:rt] [trænspɔ:rt]

[v] -을 수송하다
Transport the goods by car.
차로 물품들을 수송하세요.

[n] 수송
Please inform us about the process of transport.
우리에게 수송에 관한 과정을 알려주십시오.

RANK 250

Part 5 ★★★★ Part 6 ★★★★ Part 7 ★★★★★ Total ★★★★★

Thorough
[θɜːroʊ]

[a] 빈틈없는, 철두철미한
The building will receive a thorough inspection.
그 건물은 철저한 조사를 받을 것입니다.

홍샘의 포인트 강의

thorough는 '철저한'으로 문서를 검토하거나 계약서를 검토할 경우 혹은 대상에 문제가 있는지 살펴볼 경우 하나도 빠짐없이 자세히 본다는 의미로 쓰입니다. 철자가 비슷한 접속사 though(~에도 불구하고)나 전치사 through(~를 통해서)와 혼동할 수 있으니 조심해야 합니다.

RANK 251

Part 5 ★★★★ Part 6 ★★★★ Part 7 ★★★★★ Total ★★★★★

Proposal
[prəpoʊzl]

[n] 제안, 제의
My boss was hugely disappointed with my new proposal.
나의 상사는 나의 새로운 제안에 크게 실망했다.

홍샘의 포인트 강의

proposal은 '기획안', suggestion은 '의견', offer는 '제안'을 의미합니다.

Rank 252-502

정답으로 등장하는 TOEIC 단어들

RANK 252
Part 5 ★★★★ Part 6 ★★★★ Part 7 ★★★★ Total ★★★★

Adjust
[ədʒʌst]

[v] 조정하다, 조절하다
We must adjust the position of the antenna for better reception.
우리는 더 좋은 수신을 위해 안테나의 위치를 반드시 조정해야 한다.

RANK 253
Part 5 ★★★★ Part 6 ★★★★ Part 7 ★★★★ Total ★★★★

Behind
[bɪhaɪnd]

[prep] 뒤에, 늦어서
We are way behind schedule with this meeting.
우리는 그 모임에 매우 늦게 도착했다.

[ad] 뒤에
Stacey is ten paces behind her brother.
Stacey는 그녀의 남동생보다 열 걸음 뒤에 있다.

RANK 254
Part 5 ★★★★ Part 6 ★★★★ Part 7 ★★★★ Total ★★★★

Appoint
[əpɔɪnt]

[v] 임명하다, 지명하다
You will be appointed as the lead member of this team.
당신은 이 팀의 지도자로서 지명될 것이다.

[v] (시간, 장소) 정하다
David appointed the restaurant for the gathering.
David는 모임을 위해 그 식당을 정했다.

RANK 255
Part 5 ★★★★ Part 6 ★★★★ Part 7 ★★★★ Total ★★★★

Accessible
[əksesəbl]

[a] 접근 가능한
This building is not accessible at the moment.
그 건물은 지금 접근불가이다.

홍샘의 포인트 강의
accessible은 '자료나 장소를 이용할 수 있는'의 의미로 어느 정도 available과 유사합니다. 다만 accessible은 자료나 장소에 주로 사용하고 available은 제품이나 물품, 사람에 사용되어 각각 '구매할 수 있는, 이용할 수 있는, 만날 수 있는'의 의미를 나타냅니다.

RANK 256
Part 5 ★★★★ Part 6 ★★★★ Part 7 ★★★★ Total ★★★★

Seek
[siːk]

[v] (~을 발견하기 위해) 찾다
Hikers are advised to seek a different route to reach the summit.
등산객들은 정상에 가기 위해 다른 길을 찾길 권고된다.

[v] (필요한 것을 얻으려고) 구하다, 추구하다
You must seek shelter when there is a thunderstorm.
당신은 천둥을 수반한 폭풍우가 몰아칠 때 반드시 쉼터를 찾아야 한다.

RANK 257
Part 5 ★★★★　Part 6 ★★★★　Part 7 ★★★★　Total ★★★★

Contemporary
[kəntempəreri]

[a] 동시대의
Mr. Grey is a renowned contemporary artist.
Mr. Grey는 동시대의 유명한 예술가이다.

RANK 258
Part 5 ★★★★　Part 6 ★★★★　Part 7 ★★★★　Total ★★★★

Below
[bɪloʊ]

[prep] 아래에
The storage rooms are below this floor.
창고는 이 층의 아래에 있다.

[ad] 아래에
Look below to find what you are looking for.
당신이 찾고 있는 것을 찾기 위해 밑을 보세요.

RANK 259
Part 5 ★★★★　Part 6 ★★★★　Part 7 ★★★★　Total ★★★★

Appear
[əpɪr]

[v] ~인 것 같다
He appeared to be very calm throughout the entire meeting.
그는 모임 내내 매우 침착한 듯 보였다.

RANK 260
Part 5 ★★★★　Part 6 ★★★★　Part 7 ★★★★　Total ★★★★

As to
[əz] [tu]

[유사prep] ~에 관해
I need your opinion as to which company I should apply for.
나는 내가 어디에 지원을 해야 하는지에 관해 너의 의견이 필요하다.

RANK 261
Part 5 ★★★★　Part 6 ★★★★　Part 7 ★★★★　Total ★★★★

Force
[fɔːrs]

[v] ~를 강요하다
He was forced to attend the meeting even though he was sick.
그는 아플지라도 모임에 참석하기를 강요받았다.

[n] 힘, 영향력
The crowd entered the building by force.
군중들은 힘으로 건물에 들어갔다.

RANK 262
Part 5 ★★★★　Part 6 ★★★★　Part 7 ★★★★　Total ★★★★

Procedure
[prəsiːdʒə(r)]

[n] 절차, 방법
These are necessary procedures to prepare for the next step.
다음 단계를 준비하기 위해서 필요한 절차들이다.

홍샘의 포인트 강의
공장에서는 안전 수칙을 지키는 것이 사고 예방의 필수 요소입니다. 이때 꼭 등장하는 중요 단어가 safety procedures(안전 예방 수칙)입니다.

RANK 263
Part 5 ★★★★ Part 6 ★★★★ Part 7 ★★★★ Total ★★★★

Alternative
[ɔ:lt3:rnətɪv]

[a] 대안의, 대체 가능한
We will need to take alternative measures to solve the problem.
우리는 이 문제를 풀기 위한 대체 가능한 방법을 취하는 것이 필요할 것이다.

RANK 264
Part 5 ★★★★ Part 6 ★★★★ Part 7 ★★★★ Total ★★★★

Location
[loʊkeɪʃn]

[n] 장소, 위치
It took me three hours to find this place because the location was not clear on the map.
지도에서의 위치가 선명하지 않았기 때문에 그 곳에 가는데 세 시간이 걸렸다.

RANK 265
Part 5 ★★★★ Part 6 ★★★★ Part 7 ★★★★ Total ★★★★

Last
[læst]

[v] 계속되다, 지속되다
The doctor said that the pain will probably last for about 3 days.
그 의사는 고통이 약 삼 일 정도 지속될 것이라 말했다.

[a] 마지막의
I have to catch the last train to Seoul if I want to go home tonight.
오늘밤 집에 가고 싶다면 나는 반드시 저 서울행 기차를 잡아야 한다.

[a] 가장 최근의, 바로 앞의
Our sales increased sharply for the last quarter.
우리의 매출은 지난 분기동안 급격히 증가하였다.

RANK 266
Part 5 ★★★★ Part 6 ★★★★ Part 7 ★★★★ Total ★★★★

Appointment
[əpɔɪntmənt]

[n] 약속, 임명, 지명
I need to cancel our appointment on Tuesday.
나는 화요일에 있을 우리의 약속을 취소해야 할 필요가 있다.

RANK 267
Part 5 ★★★★ Part 6 ★★★★ Part 7 ★★★★ Total ★★★★

Arrange for
[əreɪndʒ] [fə(r)]

[v] 준비하다, 계획을 짜다
Please notify my secretary to arrange for a meeting as soon as possible.
제 비서에게 가능한 빨리 모임을 준비하라고 알리세요.

RANK 268
Part 5 ★★★★ Part 6 ★★★★ Part 7 ★★★★ Total ★★★★

Collaborate
[kəlæbəreɪt]

[v] 협력하다, 공동으로 작업하다
Teammates must collaborate to produce a final product.
팀 동료들은 최종 제품을 생산하기 위해서 반드시 공동으로 작업해야 한다.

RANK 269
Part 5 ★★★★ Part 6 ★★★★ Part 7 ★★★★ Total ★★★★

Agree
[əgri:]

[v] 동의하다
I cannot agree with your standard of payment.
나는 지불에 대한 너의 기준에 대해 동의할 수 없다.

RANK 270
Part 5 ★★★ Part 6 ★★★★ Part 7 ★★★★★ Total ★★★★

Fulfill
[fulfíl]

[v] 다하다, 이행하다, 수행하다, 끝내다, 완료하다, 완수하다, 만족시키다
You are required to fulfill all the tasks in this company.
당신은 이 회사에서 모든 업무를 수행하도록 요구받는다.

RANK 271
Part 5 ★★★★ Part 6 ★★★★ Part 7 ★★★★ Total ★★★★

Late
[leɪt]

[a] 늦은, 지각한
Begin the meeting without me because I will be an hour late.
한 시간 늦을 것 같으니 저 없이 회의를 시작하세요.

[ad] 늦게
I came home late after finishing my assignments.
임무를 끝낸 후 집에 늦게 들어왔다.

RANK 272
Part 5 ★★★★ Part 6 ★★★★ Part 7 ★★★★ Total ★★★★

Annual
[ænjuəl]

[a] 연간의, 연례의
All employees are expected to attend the annual event.
모든 직원이 연간 행사에 참가할 것으로 예상된다.

RANK 273
Part 5 ★★★★ Part 6 ★★★★ Part 7 ★★★★ Total ★★★★

Compete
[kəmpí:t]

[v] 경쟁하다
Companies that compete against each other always have the motivation to progress.
서로 경쟁하는 회사들은 항상 업무진행을 위해서 동기부여를 갖는다.

RANK 274
Part 5 ★★★★ Part 6 ★★★★ Part 7 ★★★★ Total ★★★★

Declare
[dɪkler]

[v] 선언하다
The president of the company declared that the rumors were not true.
그 기업의 회장은 루머가 사실이 아니라고 선언했다.

RANK 275
Part 5 ★★★★ Part 6 ★★★★ Part 7 ★★★★ Total ★★★★

Association
[əsouʃieɪʃn]

[n] 협회, 조합
Mr. Kim will join the leader's association tomorrow.
Mr. Kim은 내일 리더 연합에 참석할 것이다.

RANK 276
Part 5 ★★★★ Part 6 ★★★★ Part 7 ★★★★ Total ★★★★

Appliances
[əplaɪənses]

[n] 가전제품
You should dispose of all the appliances that you don't use.
당신은 쓰지 않는 모든 가전제품을 처리해야 한다.

RANK 277
Part 5 ★★★★ Part 6 ★★★★ Part 7 ★★★★ Total ★★★★

Conveniently
[kənvíːnjəntli]

[ad] 편리하게, 알맞게
My client conveniently rescheduled our appointment for tomorrow morning.
내 고객이 우리의 약속을 내일 아침으로 알맞게 재조정했다.

RANK 278
Part 5 ★★★★ Part 6 ★★★★ Part 7 ★★★★ Total ★★★★

Cost
[kɔːst]

[v] (비용)~이 들다
With all these additional changes, it will cost you a total of $500.
이런 모든 추가적인 변화로 당신은 총 500$의 비용이 들 것이다.

[n] 값, 비용
This season you can go traveling lower costs than before.
이번 시즌에 당신은 이전보다 더 낮은 비용으로 여행할 수 있다.

RANK 279
Part 5 ★★★★ Part 6 ★★★★ Part 7 ★★★★ Total ★★★★

Careful
[kerfl]

[a] 조심하는, 주의 깊은
Please be careful not to disturb a meeting in the hallway.
복도에서 회의를 방해하지 않도록 조심하세요.

RANK 280
Part 5 ★★★★ Part 6 ★★★★ Part 7 ★★★★ Total ★★★★

Banquet
[bæŋkwɪt]

[n] 연회
I am going to attend the banquet tonight on behalf of Mr. Joo.
오늘 저녁에 Mr. Joo를 대신하여 연회에 제가 참석할 것입니다.

RANK 281
Part 5 ★★★★ Part 6 ★★★★ Part 7 ★★★★ Total ★★★★

Prefer
[prɪfɜː(r)]

[v] ~을 더 좋아하다
I would prefer to talk to you in person rather than through the phone.
나는 전화상으로보다는 당신과 직접 대화하는 것을 더 좋아한다.

RANK 282

Part 5 ★★★★　Part 6 ★★★★　Part 7 ★★★★　Total ★★★★

Restore
[rɪstɔː(r)]

[v] (이전의 상황, 감정으로) 회복시키다
It is hard to restore the relationship with the company after the accident last year.
작년 사고 이후로 회사와의 관계를 회복시키기 어렵다.

[v] (건강, 지위를) 되찾게 하다
I hope to restore my management position by the following week.
나는 다음 주까지 내 관리직을 되찾고 싶다.

[v] (건물, 예술 작품, 가구 등을) 복원하다
The mayor decided to restore the historical building in the center of town.
시장은 도심에 있는 역사적인 건물을 복원하기로 결정했다.

> **홍샘의 포인트 강의**
> restore는 '원상태로 복구시키다'의 의미이며 명사형은 restoration입니다.

RANK 283

Part 5 ★★★★　Part 6 ★★★★　Part 7 ★★★★　Total ★★★★

Dedicate
[dedɪkeɪt]

[v] 바치다, 전념[헌신]하다
As an environmentalist, I am dedicated to saving the environment by recycling paper and using mugs instead of paper cups.
환경 운동가로서, 저는 종이컵 대신 머그컵 사용과 종이 분리수거로써 환경을 보존하는데 헌신을 합니다.

RANK 284

Part 5 ★★★★　Part 6 ★★★★　Part 7 ★★★★　Total ★★★★

Comment
[kɑːment]

[n] 논평, 언급
The board gave several harsh comments regarding the terrible performance of the company.
이사회는 회사의 끔찍한 업무수행에 관하여 몇몇의 혹독한 논평을 제기했다.

RANK 285

Part 5 ★★★★　Part 6 ★★★★　Part 7 ★★★★　Total ★★★★

Distributor
[dɪstrɪbjətə(r)]

[n] 배급 업자, 유통 회사
The company that Mr. Ingram runs is the main distributor of our goods.
Mr. Ingram이 운영하는 회사는 우리상품의 주요 배급업자이다.

RANK 286

Part 5 ★★★★　Part 6 ★★★★　Part 7 ★★★★　Total ★★★★

Distribute
[dɪstrɪbjuːt]

[v] 나누어주다, 분배하다
Distribute the information packets to all the employees.
자료묶음을 모든 임직원들에게 나누어줘라.

[v] 배달(배포,배급)하다
The products you ordered last night will be distributed today.
어젯밤 당신이 주문한 상품은 오늘 배송될 것이다.

RANK 287
Part 5 ★★★★ Part 6 ★★★★ Part 7 ★★★★ Total ★★★★

Considerable
[kənsɪdərəbl]

[a] 상당한, 많은
This job requires a considerable amount of time.
이 일은 상당한 양의 시간을 필요로 한다.

RANK 288
Part 5 ★★★★ Part 6 ★★★★ Part 7 ★★★★ Total ★★★★

Materials
[mətɪriəlz]

[n] 자재
The cost of raw materials has doubled since the past year.
이 원자재의 비용은 작년에 비해 2배로 올랐다.

RANK 289
Part 5 ★★★★ Part 6 ★★★★ Part 7 ★★★★ Total ★★★★

Employer
[ɪmplɔɪə(r)]

[n] 고용주, 고용인
The employer at this company will be selecting the most qualified employees during the interview.
이 회사의 고용주는 인터뷰 도중 가장 자격 있는 직원들을 고를 것이다.

RANK 290
Part 5 ★★★ Part 6 ★★★★ Part 7 ★★★★★ Total ★★★★

Confident
[kɑ:nfɪdənt]

[a] 자신감 있는, 확신하는
I am confident that he will not be fired soon.
나는 그가 곧 해고당하지 않을 것이라 확신한다.

RANK 291
Part 5 ★★★★ Part 6 ★★★★ Part 7 ★★★★ Total ★★★★

Common
[kɑ:mən]

[a] 흔한, 공동의, 공통의, 보통의, 평범한
It is always good to have a group of friends with common interests.
공통의 관심사의 친구들의 모임을 가지는 것은 항상 좋다.

RANK 292
Part 5 ★★★★ Part 6 ★★★★ Part 7 ★★★★ Total ★★★★

Commission
[kəmɪʃn]

[n] 위원회
This issue will be directly reported to the commission.
이 쟁점은 즉시 위원회에 전해질 것이다.

RANK 293
Part 5 ★★★ Part 6 ★★★★ Part 7 ★★★★★ Total ★★★★

Investment
[ɪnvestmənt]

[n] 투자
The lack of investment is taking a toll on our company.
투자의 결여는 우리 회사에 큰 타격을 주고 있다.

RANK 294
Part 5 ★★★★ Part 6 ★★★★ Part 7 ★★★★ Total ★★★★

Depart for A
[dɪpɑːrt] [fə(r)]

[v] A를 향해 떠나다
We will depart for Seattle at 5:00 in the morning.
우리는 아침 다섯 시에 Seattle로 떠날 것이다.

RANK 295
Part 5 ★★★★ Part 6 ★★★★ Part 7 ★★★★ Total ★★★★

Cause
[kɔːz]

[v] 야기하다, 일으키다
Your actions will cause many problems among your friends.
당신의 행동은 당신의 친구들 사이에서 많은 문제들을 야기할 것입니다.

RANK 296
Part 5 ★★★★ Part 6 ★★★★ Part 7 ★★★★ Total ★★★★

Solution
[səluːʃn]

[n] 해법, 해결책
That doesn't seem to be an effective solution to the problem.
그것은 문제에 대한 효율적인 해법이 아닌 듯 보인다.

홍샘의 포인트 강의
solution이란 '해결책'을 의미합니다. 하지만 그 뜻을 응용해서 '(해결책으로 사용할 수 있는) 제품이나 컴퓨터 프로그램'의 의미도 됩니다. 또한 '용액'이란 의미로도 쓰입니다. 여기서 cleaning solution이란 청소를 위한 표백제 등을 의미합니다.

RANK 297
Part 5 ★★★★ Part 6 ★★★★ Part 7 ★★★★ Total ★★★★

In addition to
[ɪn] [ədɪʃn] [tu]

[prep] ~에 더하여, ~일 뿐 아니라
In order to be healthy, you need to exercise regularly in addition to getting plenty of sleep.
당신이 건강해지기 위해서, 충분한 수면뿐만 아니라 규칙적인 운동이 필요하다.

RANK 298
Part 5 ★★★★ Part 6 ★★★★ Part 7 ★★★★ Total ★★★★

Overview
[oʊvərvjuː]

[n] 개관, 개요
Since you were not able to attend on Thursday, I will give you a basic overview of the meeting.
당신이 목요일 날 회의에 올 수 없었기 때문에, 내가 그 회의에 관한 기본적인 개요를 줄 것이다.

RANK 299
Part 5 ★★★★ Part 6 ★★★★ Part 7 ★★★★ Total ★★★★

Matter
[mætə(r)]

[n] 문제, 일, 사안
There are a lot of complicated aspects to this matter.
이 문제에는 많고 복잡한 측면들이 있다.

[n] 상황, 상태, 사정
The solution to this matter will come from the board meeting.
이 상황에 대한 해결은 임원 회의로부터 도출될 것이다.

[v] 중요하다, 문제 되다
It doesn't matter if you don't want to go to the workshop this afternoon.
당신이 오늘 오후 워크숍에 가고 싶어 할지 아닌지는 중요하지 않다.

RANK 300
Part 5 ★★★★   Part 6 ★★★★   Part 7 ★★★★   Total ★★★★

Search
[sɜːrtʃ]

[v] 찾아보다, 뒤지다
I am searching for the most delicious restaurant in town to make an appointment with my clients.
저는 제 고객들과 약속을 잡기 위해서 이 마을에서 가장 맛있는 식당을 찾고 있다.

RANK 301
Part 5 ★★★★   Part 6 ★★★★   Part 7 ★★★★   Total ★★★★

Response
[rɪspɑːns]

[n] 대답, 응답, 반응
We cannot go on with this meeting without a proper response to the question.
우리는 그 질문에 대한 적절한 대답 없이는 이 회의를 계속할 수 없다.

RANK 302
Part 5 ★★★★   Part 6 ★★★★   Part 7 ★★★★   Total ★★★★

Means
[miːnz]

[n] 수단, 방법, 방도
The Internet is a means to gain information that an individual wants.
인터넷은 각자가 원하는 정보들을 얻을 수 있는 수단이다.

RANK 303
Part 5 ★★★★   Part 6 ★★★★   Part 7 ★★★★   Total ★★★★

Grow
[groʊ]

[v] 커지다, 늘어나다, 증가하다
The stocks of the company grew in value after the release of the new product.
회사의 주식은 새 제품이 출시된 이후 가치가 증가했다.

RANK 304
Part 5 ★★★★   Part 6 ★★★★   Part 7 ★★★★   Total ★★★★

Colleague
[kɑːliːg]

[n] 동료
Your colleagues will be an essential part of your company life from now on.
당신의 동료들은 지금부터 회사생활의 필수적인 부분이 될 것이다.

RANK 305
Part 5 ★★★★   Part 6 ★★★★   Part 7 ★★★★   Total ★★★★

Summary
[sʌməri]

[n] 요약, 개요
Please turn in a summary of the lecture that you heard on Friday.
금요일에 당신이 들었던 강의의 요약본을 제출하세요.

[a] 간략한
You have to submit your summary reports by tomorrow.
당신은 내일까지 당신의 간략한 보고서를 제출해야만 한다.

RANK 306

Part 5 ★★★★ Part 6 ★★★★ Part 7 ★★★★ Total ★★★★

Locate
[loʊkeɪt]

[v] ~의 정확한 위치를 찾아내다, 두다
You need to locate where the CEO is at this moment.
당신은 지금 CEO가 어디에 있는지 위치를 파악해야 한다.

RANK 307

Part 5 ★★★★ Part 6 ★★★ Part 7 ★★★★★ Total ★★★★

At no charge
[ət] [noʊ] [tʃɑːrdʒ]

[ad] 무료로
I will bring refreshments to your room later at no charge.
제가 나중에 무료로 당신의 방에 다과를 가져다 드릴 것입니다.

> **홍샘의 포인트 강의**
>
> 비용이나 가격을 의미하는 경우에는 전치사 at을 사용합니다.
>
> at an affordable rate 저렴한 비용으로
> at a reasonable price 합리적인 가격에
> at no cost 비용 없이, 무료로
> at no additional cost 추가 비용 없이

RANK 308

Part 5 ★★★★ Part 6 ★★★★ Part 7 ★★★★ Total ★★★★

Look for
[lʊk] [fə(r)]

[v] 찾다, 구하다, 기대하다
I need to look for another job since I was laid off yesterday.
나는 어제 해고된 이후로 다른 직업을 찾아야 한다.

RANK 309

Part 5 ★★★★ Part 6 ★★★★ Part 7 ★★★★ Total ★★★★

Solve
[sɑːlv]

[v] 해결하다
I need you to solve the issues with the sales team by the end of the day.
나는 오늘까지 이 문제를 판매팀과 해결하기 위해서 당신이 필요하다.

RANK 310

Part 5 ★★★★ Part 6 ★★★★ Part 7 ★★★★ Total ★★★★

Success
[səkses]

[n] 성공, 성과
Being able to adapt to new environments is the key to success.
새로운 환경에 적응할 수 있는 것이 성공의 열쇠이다.

RANK 311

Part 5 ★★★★ Part 6 ★★★★ Part 7 ★★★★ Total ★★★★

Under
[ʌndə(r)]

[prep] ~아래에 (물리적 위치)
Sweep the dust under the rug.
러그 밑에 있는 먼지를 닦아라.

[prep] (지배, 감독, 보호)의 아래에
Mr. Kim's retirement party was held under the supervision of the personnel department.
Mr. Kim의 퇴임 파티는 인사부 주관으로 열렸다.

[prep] (~되고 있는) 중인
The bridge is still under construction.
그 다리는 아직도 공사 중이다.

RANK 312

Part 5 ★★★★ Part 6 ★★★★ Part 7 ★★★★ Total ★★★★

Determine
[dɪtɜ́:rmɪn]

[v] 알아내다, 결정하다, 확정하다
It is your responsibility to determine the right amount of people needed for the task.
그 일에 필요한 적절한 수의 사람들을 결정하는 것은 너의 책임이다.

RANK 313

Part 5 ★★★★ Part 6 ★★★★ Part 7 ★★★★ Total ★★★★

Numerous
[nú:mərəs]

[a] 많은
The company faced numerous problems with the release of the new product.
회사는 새 제품 출시에 관한 수많은 문제들에 직면했다.

RANK 314

Part 5 ★★★★ Part 6 ★★★★ Part 7 ★★★★ Total ★★★★

Maintain
[meɪnteɪn]

[v] (수준) 유지하다, 지키다
We need to maintain the current position if we want to be competitive in the market.
우리가 시장에서 경쟁력 있고 싶다면, 현재의 위치를 유지해야 한다.

[v] (건물, 기계, 보수) 유지하다
New policies will be required in order to maintain the historical building as it is.
현 상황에서 역사적 건물을 유지하기 위해서 새 정책이 요구될 것이다.

[v] 주장하다
The professor maintained that the current economic system was not effective in allocating resources.
교수는 자원을 할당하는 면에서 경제시스템이 효율적이지 못하다고 주장했다.

RANK 315

Part 5 ★★★★ Part 6 ★★★★ Part 7 ★★★★ Total ★★★★

Conference
[kɑ́:nfərəns]

[n] 회의, 학회
The conference this year is supposed to be about business management.
올해 학회는 경영 관리에 관한 것으로 예정되어 있다.

RANK 316

Part 5 ★★★★ Part 6 ★★★★ Part 7 ★★★★ Total ★★★★

Efficient
[ɪfɪ́ʃnt]

[a] 능률적인, 유능한
The executive branch found an efficient way to distribute its revenue.
행정부는 그들의 수입을 나눌 능률적인 방법을 찾았다.

RANK 317

Part 5 ★★★★ Part 6 ★★★★ Part 7 ★★★★ Total ★★★★

Dramatic
[drəmǽtɪk]

[a] 극적인
The company went through a dramatic change in its image.
회사는 이미지에 극적인 변화를 겪었다.

RANK 318

Part 5 ★★★★ | Part 6 ★★★★ | Part 7 ★★★★ | Total ★★★★

Continue
[kəntɪnjuː]

[v] 계속되다, 계속하다
We expect you to continue making profits in the market next quarter.
우리는 당신이 다음 분기에도 시장에서 계속 이윤을 낼 것이라 예측한다.

RANK 319

Part 5 ★★★★ | Part 6 ★★★★ | Part 7 ★★★★ | Total ★★★★

Concerning A
[kənsɜːrnɪŋ]

[prep] A에 관해서
Write me a report concerning yesterday's meeting.
어제 회의에 관해 보고서를 저에게 써 주십시오.

RANK 320

Part 5 ★★★★ | Part 6 ★★★★ | Part 7 ★★★★ | Total ★★★★

Current
[kɜːrənt]

[a] 현재의, 지금의
The current weather condition.
현재 날씨 상황

RANK 321

Part 5 ★★★★ | Part 6 ★★★★ | Part 7 ★★★★ | Total ★★★★

Training
[treɪnɪŋ]

[n] 교육, 훈련, 연수
Training sessions are essential for new employees.
연수는 새로운 직원들에겐 필수적이다.

홍샘의 포인트 강의
토익에서는 -ing형 명사가 많이 등장합니다. 그러한 명사로는 belongings(소지품), openings(일자리), findings(발견한 사실), training(교육) 등이 있습니다. 항상 -ing형이 명사일 수도 있다는 것을 염두에 두어야 합니다.

RANK 322

Part 5 ★★★★ | Part 6 ★★★★ | Part 7 ★★★★ | Total ★★★★

Particular
[pərtɪkjələ(r)]

[a] 특정한, 특별한
A particular interest in the field will help you gain the necessary skills.
분야에서 특별한 관심은 당신이 필요한 기술들을 얻을 수 있게 도와줄 것이다.

RANK 323

Part 5 ★★★★ | Part 6 ★★★★ | Part 7 ★★★★ | Total ★★★★

Relatively
[relətɪvli]

[ad] 비교적
There are relatively few people who are skilled in Photoshop.
포토샵에 능숙한 사람은 비교적 적다.

RANK 324

Part 5 ★★★★ | Part 6 ★★★★ | Part 7 ★★★★ | Total ★★★★

Responsibility
[rɪspɑːnsəbɪləti]

[n] 책임, 책무
You have the responsibility to lead the company through thick and thin.
당신은 어떤 어려운 때에도 회사를 이끌 책임이 있다.

RANK 325
Part 5 ★★★★ Part 6 ★★★★ Part 7 ★★★★ Total ★★★★

Description
[dɪskrɪpʃn]

[n] 설명
The description you gave was not enough to understand the meaning of the concept.
당신이 나에게 준 설명은 그 개념의 의미를 이해할 수 있을 정도로 충분하지 않았다.

RANK 326
Part 5 ★★★★ Part 6 ★★★★ Part 7 ★★★★ Total ★★★★

Persist
[pərsɪst]

[v] 집요하게 계속하다, 계속되다, 지속되다
You need to persist in delivering your opinions if you want to change anything.
당신이 만약 어떤 것이든 바꾸고 싶다면 의견을 전달하는 것을 계속 해야 할 필요가 있다.

RANK 327
Part 5 ★★★★ Part 6 ★★★★ Part 7 ★★★★ Total ★★★★

Yet
[jet]

[ad] 아직
The members of the board have not arrived yet.
이사회의 구성원들은 아직 도착하지 않았다.

[conj] 그렇지만
It is a small company, yet it is the leading firm in its field of production.
작은 회사이지만 생산 분야에서는 선도 기업이다.

RANK 328
Part 5 ★★★★ Part 6 ★★★★ Part 7 ★★★★ Total ★★★★

Drastic
[dræstɪk]

[a] 과감한, 극단적인
We experienced a drastic turn of events yesterday.
우리는 어제 급격한 사태의 격변을 겪었다.

RANK 329
Part 5 ★★★★ Part 6 ★★★★ Part 7 ★★★★ Total ★★★★

Information
[ɪnfərmeɪʃn]

[n] 정보
Information about the new product will not be revealed until next week.
새 프로젝트에 관한 정보는 다음 주까지 밝혀지지 않을 것이다.

RANK 330
Part 5 ★★★★ Part 6 ★★★★ Part 7 ★★★★ Total ★★★★

Mandate
[mændeɪt]

[v] 명령하다, 권한을 주다
[n] 권한, 지시, 통치 기간
According to the mandate, this area is off limits.
지시에 따르면, 이 지역 출입금지 구역이다.

RANK 331

| Part 5 | Part 6 | Part 7 | Total |
|★★★★|★★★★|★★★★|★★★★|

Fee
[fi:]

[n] 수수료, 회비
You will pay a substantial fee if you go against company policies.
회사 정책에 반대한다면 당신은 상당한 수수료를 지불해야 할 것이다.

RANK 332

| Part 5 | Part 6 | Part 7 | Total |
|★★★★|★★★★|★★★★|★★★★|

Retire
[rɪtaɪə(r)]

[v] 은퇴하다, 퇴직하다, 은퇴시키다, 퇴직시키다
A colleague of mine has a plan to retire next year.
저희 회사 동료 중의 한 명은 내년에 은퇴할 계획이다.

RANK 333

| Part 5 | Part 6 | Part 7 | Total |
|★★★★|★★★★|★★★★|★★★★|

Use
[ju:z] [ju:s]

[v] 쓰다, 사용하다
Use the company car to deliver our products to customers.
고객에게 우리 제품을 배달하기 위해 회사차를 사용하세요.

[n] 사용, 이용
The use of the cell phone during the conference is strictly prohibited.
회의에서 핸드폰 사용은 엄격하게 금지되어 있다.

RANK 334

| Part 5 | Part 6 | Part 7 | Total |
|★★★★|★★★★|★★★★|★★★★|

Prospect
[prɑ:spekt]

[n] 가망, 가능성
The company shows a lot of prospect in gaining a lot of profit.
회사는 이윤을 내는 면에서 많은 가능성을 보여준다.

[n] 예상
The sales prospects for this quarter do not seem as bright as the last one.
이번 분기 판매의 예상은 지난 것만큼 그리 밝아 보이지 않는다.

[n] (성공할) 전망
Short-term prospects of the economy show that we are on a decline.
경제에 관한 단기적인 전망은 우리가 지금 하락세에 있다는 것을 보여준다.

RANK 335

| Part 5 | Part 6 | Part 7 | Total |
|★★★★|★★★★|★★★★|★★★★|

Be subject to
[bi] [səbdʒekt] [tu]

[v] ~에 따르다
As long as you are within our premises, you will be subject to our policies.
당신이 우리의 구내에 있는 한, 우리 방침에 따라야 한다.

홍샘의 포인트 강의

[be subject to 명사]는 '~에 따르다'의 의미로 to 다음에 동사원형을 쓰지 않고 반드시 명사를 써야 하는 점에 주의해야 합니다. (to는 전치사)

be subject to approval 승인 여부에 따르다.
be subject to change 변경될 수 있다.
be subject to a fine 벌금에 처하다.

RANK 336

Part 5	Part 6	Part 7	Total
★★★★	★★★★	★★★★	★★★★

Notification
[noʊtɪfɪkeɪʃn]

[n] 알림, 통고, 통지, 신고
I haven't received any notifications about the meeting.
나는 회의에 관한 어떠한 통지도 받지 못했다.

RANK 337

Part 5	Part 6	Part 7	Total
★★★★	★★★★	★★★★	★★★★

Typically
[tɪpɪkli]

[ad] 보통, 일반적으로, 전형적으로
The products of the company typically cost more than $500.
회사의 상품은 일반적으로 500$가 넘는다.

RANK 338

Part 5	Part 6	Part 7	Total
★★★★	★★★★	★★★★	★★★★

Inspection
[ɪnspekʃn]

[n] 사찰, 점검
The warehouse will undergo an inspection tomorrow so be prepared.
창고는 내일 점검을 받을 것이니, 준비하시기 바랍니다.

RANK 339

Part 5	Part 6	Part 7	Total
★★★★	★★★★	★★★★	★★★★

Occur
[əkɜː(r)]

[v] 일어나다, 발생하다
We don't want any accidents to occur.
우리는 어떠한 사고가 발생하는 것도 원치 않는다.

RANK 340

Part 5	Part 6	Part 7	Total
★★★★	★★★★	★★★★	★★★★

Limit
[lɪmɪt]

[n] 한계, 제한
There is a limit to how much the company can spend.
기업이 얼마만큼 소비할 수 있는가에는 한계가 있다.

RANK 341

Part 5	Part 6	Part 7	Total
★★★★	★★★★	★★★★	★★★★

Manage
[mænɪdʒ]

[v] 간신히 해내다
We managed to purchase the necessary materials within the company's budget.
우리는 회사의 예산에 맞추어 간신히 필수품을 살 수 있었다.

[v] 살아나가다
By the age of twenty, you should be able to manage your life.
스무 살이 되면, 당신은 당신의 인생을 살아갈 수 있을 것이다.

[v] (돈, 시간, 정보) 처리하다, 이용하다
The device will help you manage your time efficiently.
이 장치는 당신이 시간을 효율적으로 이용할 수 있도록 도와줄 것이다.

[v] (사업체, 팀, 조직) 운영하다, 경영하다, 관리하다
You will need plenty of experience to manage this company.
당신이 이 회사를 운영하기 위해서는 상당한 경험이 필요할 것입니다.

RANK 342

Part 5 ★★★★ Part 6 ★★★★ Part 7 ★★★★ Total ★★★★

Subject
[sʌbdʒɪkt] [sʌbdʒekt]

[n] 주제
That is not an appropriate subject for discussion.
이것은 토론을 하기엔 적절한 주제가 아니다.

[a] ~될 수 있는
People who do not follow the rules will be subject to punishment.
규칙을 따르지 않는 사람들은 처벌될 수 있을 것이다.

[a] ~을 받아야 하는
All the products on sale are subject to their availability.
할인 판매중인 모든 상품들은 재고 여부에 따릅니다.

[a] ~의 권한 아래 있는
All the employees in this company are subject to the CEO, Mr. Kolis.
이 회사의 모든 직원들은 Mr. Kolis 최고경영자의 권한 아래에 있다.

RANK 343

Part 5 ★★★★ Part 6 ★★★★ Part 7 ★★★★ Total ★★★★

Subsequent to A
[sʌbsɪkwənt] [tu]

[prep] A 다음에
All the employees started respecting Mr. Stevens more subsequent to the event yesterday.
모든 임직원들은 어제 있었던 사건 이후로 Mr. Stevens를 더욱더 존경하기 시작했다.

RANK 344

Part 5 ★★★★ Part 6 ★★★★ Part 7 ★★★★ Total ★★★★

Presently
[prezntli]

[ad] 현재, 지금, 곧
Presently, the number of new clients is steadily rising.
현재 새로운 고객의 수는 점차 증가하고 있다.

RANK 345

Part 5 ★★★★ Part 6 ★★★★ Part 7 ★★★★ Total ★★★★

Satisfactory
[sætɪsfæktəri]

[a] 만족스러운, 충분한
Your department submitted a satisfactory report yesterday.
당신의 부서가 어제 만족할만한 보고서를 제출했다.

RANK 346

Part 5 ★★★★ Part 6 ★★★★ Part 7 ★★★★ Total ★★★★

Process
[prəses] [pra:ses]

[v] (원자재, 식품 등) 가공하다, 처리하다
Please be reminded that our store only sells food that has been processed.
우리 회사는 오직 가공된 것만 판다는 것을 알아주시기 바랍니다.

[v] (문서, 요청 사항 등) 처리하다
It is going to take quite a while to process all these documents.
모든 문서들을 처리하는데 꽤 시간이 걸릴 것이다.

[n] 과정, 절차
You will need to go through this process

in order to become a member of our team.
우리 팀의 멤버가 되기 위해서 당신은 이 절차를 통과해야 할 것이다.

[n] 공정
The manufacturing process of the product is an incredible sight to see.
이 제품의 제조 공정은 믿을 수 없도록 놀라운 광경이다.

홍샘의 포인트 강의

process는 명사일 경우 '처리 과정, 가공공정'등을 의미합니다. 공장에서의 가공이나 사무실에서 문서 상의 여러 가지 일 처리 등 모든 종류의 처리를 의미합니다. 참고로 동사일 경우 '처리하다'란 의미가 되고 명사인 processing은 '처리'란 뜻입니다.

RANK 347
Part 5 ★★★★ Part 6 ★★★★ Part 7 ★★★★ Total ★★★★

Preferred
[prifə́:rd]

[a] 선취권이 있는, 우선의
Please let us know your preferred date and time.
우리에게 당신의 우선 시간과 날짜를 알려주십시오.

RANK 348
Part 5 ★★★★ Part 6 ★★★★ Part 7 ★★★★ Total ★★★★

Necessary
[nesəseri]

[a] 필요한
Employees should only use the conference room when it is necessary.
직원들은 꼭 필요할 시에만 회의실을 써야 한다.

RANK 349
Part 5 ★★★★ Part 6 ★★★★ Part 7 ★★★★ Total ★★★★

Successful
[səksesfl]

[a] 성공한, 성공적인
The advertisement of our product was very successful.
우리 상품의 광고는 아주 성공적이었다.

홍샘의 포인트 강의

successful은 '성공적인'이고 successive는 '연속적인'입니다. 이처럼 토익에서는 혼동되는 형용사를 조심해야 합니다.

dependable 믿을 수 있는
dependent 의존적인

considerable 상당한
considerate 인정 많은

favorable 좋은
favorite 좋아하는

confidential 비밀의
confident 자신감 있는

respective 각각의
respected 훌륭한

satisfactory 만족스러운
satisfied 만족을 느끼는

responsible 책임이 있는
responsive 대응하는

arguable 논쟁의 여지가 있는
argumentative 논쟁을 좋아하는

additional 추가의
addictive 습관적인, 중독성의

economic 경제의
economical 절약하는

persuasive 설득력 있는
persuadable 설득 가능한

RANK 350
Part 5 ★★★★ Part 6 ★★★★ Part 7 ★★★★ Total ★★★★

Revised
[riváizd]

[a] 변경한, 수정 필의
Leave the revised documents on my desk.
내 책상에 변경된 문서를 남기세요.

RANK 351
Part 5 ★★★★ Part 6 ★★★★ Part 7 ★★★★ Total ★★★★

Original
[ərídʒənl]

[a] 원래의, 본래의
This is way better than the original set of plans.
이것은 원래의 계획보다 훨씬 좋다.

RANK 352
Part 5 ★★★★ Part 6 ★★★★ Part 7 ★★★★ Total ★★★★

Significant
[sɪgnífɪkənt]

[a] 중요한
Mrs. Park is a significant member of the board.
Mrs. Park는 이사회에서 중요한 구성원이다.

RANK 353
Part 5 ★★★★ Part 6 ★★★★ Part 7 ★★★★ Total ★★★★

Sequence
[sí:kwəns]

[n] 연속적인 사건들, 순서
The presentations will be given in sequence.
다음으로 프레젠테이션이 있을 것이다.

RANK 354
Part 5 ★★★★ Part 6 ★★★★ Part 7 ★★★★ Total ★★★★

Most
[moʊst]

[유사대명사] 대부분(의)
Most of the people here are university graduates.
여기에 있는 사람들의 대부분은 대학졸업자이다.

RANK 355
Part 5 ★★★★ Part 6 ★★★★ Part 7 ★★★★ Total ★★★★

Perform
[pərfɔ́:rm]

[v] 행하다, 수행하다
I will perform an act that has never been seen before.
나는 그 전에 보지 못했던 것들을 행할 것이다.

RANK 356
Part 5 ★★★★ Part 6 ★★★★ Part 7 ★★★★ Total ★★★★

Position
[pəzíʃn]

[n] (자리 잡고 있는) 위치
Where would be the best position for her new desk?
그녀의 새 책상을 위한 최적의 위치로 어디가 좋을까?

[n] (있어야 할, 알맞은) 자리, 제자리
I went back to my position near the gates.
나는 문 근처의 제자리로 돌아왔다.

[n] 자세, 상태
In which position should I place the box?
제가 이 상자를 어떤 상태로 두어야 하나요?

[n] 위치, 처지, 입장
My position in this conflict is very complicated.
이 갈등에서 나의 입장은 매우 복잡하다.

[n] 입장, 태도
The professor's position was clear during the debate.
토론 중에 교수의 입장은 매우 분명했다.

[n] 지위, 위치
Bob has a very prestigious position in the company.
회사 내에서 Bob은 매우 명망 높은 지위에 있다.

[n] 일자리, 직위
We are going to conduct interviews for the position of regional manager.
우리는 지역 관리인 자리를 두고 면접을 진행할 것이다.

[v] 두다, 배치하다, ~의 자리를 잡다
I was positioned to lead the marketing department from now on.
나는 이제부터 이 마케팅 부서를 이끌기 위해 배치되었다.

RANK 357

Part 5 ★★★★　Part 6 ★★★　Part 7 ★★★★　Total ★★★★

Bring
[brɪŋ]

[v] 가져오다, 데려오다
Feel free to bring your family members to the event tomorrow.
부담 갖지 말고 내일 있을 행사에 가족구성원을 데려와도 좋다.

RANK 358

Part 5 ★★★★　Part 6 ★★★★　Part 7 ★★★★　Total ★★★★

Usual
[juːʒuəl]

[a] 흔히 하는, 평상시의, 보통의
My usual Monday morning starts with a coffee.
보통 나의 월요일 아침은 커피로 시작한다.

RANK 359

Part 5 ★★★　Part 6 ★★★★　Part 7 ★★★★　Total ★★★★

Assignment
[əsaɪnmənt]

[n] 과제, 임무
I have too many assignments to finish this week.
저는 이번 주에 끝내야 할 많은 임무들을 가지고 있다.

RANK 360

Part 5 ★★★★　Part 6 ★★★★　Part 7 ★★★★　Total ★★★★

Negative
[negətɪv]

[a] 부정적인
A negative perspective.
부정적인 관점

RANK 361

Part 5 ★★★★　Part 6 ★★★★　Part 7 ★★★★　Total ★★★★

Substantial
[səbstænʃl]

[a] 상당한
A substantial amount of files have been erased from the computer.
상당한 수의 파일들이 컴퓨터에서 지워졌다.

RANK 362

Part 5 ★★★★ Part 6 ★★★★ Part 7 ★★★ Total ★★★★

Ahead of A
[əhed] [ʌv]

[prep] A 앞에, A보다 빨리
You do not need to rush as we are already ahead of schedule.
우리가 이미 일정보다 앞서있기 때문에 당신은 서두를 필요가 없다.

RANK 363

Part 5 ★★★★ Part 6 ★★★ Part 7 ★★★★ Total ★★★★

Equipment
[ɪkwɪpmənt]

[n] 장비, 용품
It's time to dispose of the old equipment and buy some new ones.
오래된 장비들을 버리고 새 장비들을 사야할 때이다.

홍샘의 포인트 강의

protective equipment는 보호장비를 통틀어서 지칭하는 말로 토익에 자주 등장하는 표현입니다. protective gear라고 표현할 수도 있습니다.

RANK 364

Part 5 ★★★★ Part 6 ★★★ Part 7 ★★★★ Total ★★★★

Completely
[kəmpli:tli]

[ad] 완전히, 전적으로
I completely understand that you are in a very complicated situation.
나는 당신이 매우 복잡한 상황에 처해 있는 것을 전적으로 이해한다.

RANK 365

Part 5 ★★★★ Part 6 ★★★★ Part 7 ★★★★ Total ★★★★

Trained
[treind]

[a] 훈련받은, 숙달된
Trained members make better progress than the others that haven't been through the training.
숙달된 구성원들은 그렇지 못한 사람들보다 더 훌륭한 진전을 보였다.

RANK 366

Part 5 ★★★★ Part 6 ★★★ Part 7 ★★★★ Total ★★★★

Ability
[əbɪləti]

[n] 할 수 있음, 능력, 재능
Your ability to overcome obstacles is very important to us.
장애물을 극복할 수 있는 당신의 능력은 우리에게 매우 중요하다.

RANK 367

Part 5 ★★★★ Part 6 ★★★★ Part 7 ★★★ Total ★★★★

A number of
[ə] [nʌmbə(r)] [ʌv]

[a] 다수의
A number of the people in this office disagreed with your opinions.
사무실에 있는 다수의 사람들은 당신의 의견에 반대했다.

RANK 368

Part 5 ★★★★ Part 6 ★★★ Part 7 ★★★★ Total ★★★★

At the latest
[ət] [ðə] [leɪtɪst]

[ad] 늦어도
I need you to drop by my office by 5:00 p.m. at the latest.
저는 당신이 늦어도 다섯 시까지는 제 사무실에 들렀으면 합니다.

RANK 369

Part 5 ★★★★ Part 6 ★★★★ Part 7 ★★★★ Total ★★★★

Whole
[hoʊl]

[a] 전체의, 모든, 온전한
I will be unable to finish reading the whole report by tomorrow.
내일까지 이 전체 보고서를 다 읽을 수 없을 것이다.

RANK 370

Part 5 ★★★ Part 6 ★★★★ Part 7 ★★★★ Total ★★★★

Alter
[ɔːltə(r)]

[v] 변경하다
I'm going to alter the design of our logo.
나는 우리 로고의 디자인을 바꿀 것이다.

RANK 371

Part 5 ★★★ Part 6 ★★★★ Part 7 ★★★★ Total ★★★★

Arrange
[əreɪndʒ]

[v] 마련하다, 처리하다, 정리하다
Please arrange the books in order.
책들을 가지런히 정리해 주십시오.

RANK 372

Part 5 ★★★ Part 6 ★★★★ Part 7 ★★★★ Total ★★★★

Consistently
[kənsɪstəntli]

[ad] 일관하여, 지속적으로
My team has been consistently producing great results since last year.
작년 이후로 내 팀은 지속적으로 좋은 결과를 내고 있다.

RANK 373

Part 5 ★★★★ Part 6 ★★★ Part 7 ★★★★ Total ★★★★

Imperative
[ɪmperətɪv]

[a] 반드시 해야 하는
It is imperative to obey company policies when going on business trips.
출장을 갈 때 회사규정을 따르는 것은 필수적이다.

RANK 374

Part 5 ★★★★ Part 6 ★★★★ Part 7 ★★★ Total ★★★★

Board
[bɔːrd]

[n] 이사회, 위원회
The board is full of important people.
이사회는 중요한 사람들로 가득 차있다.

[v] 탑승하다
All passengers were asked to board the plane at the designated time.
지정된 시간에 비행기 탑승하라고 모든 승객들은 요청받았다.

RANK 375

Part 5 ★★★★ Part 6 ★★★ Part 7 ★★★★ Total ★★★★

Effective
[ɪfektɪv]

[a] 효과적인
Finding the most effective way to manage this branch is important.
이 지사를 운영할 가장 효과적인 방법을 찾는 것은 중요하다.

[a] 실질적인, 사실상의
James has taken effective control of this company.
James는 이 회사에 관한 실질적인 통제를 장악하고 있다.

[a] 시행되는, 발효되는
All changes that were discussed yesterday will be effective starting tomorrow.
어제 논의되었던 모든 변화는 내일부터 시행될 것이다.

RANK 376

Part 5 ★★★★ Part 6 ★★★★ Part 7 ★★★ Total ★★★★

Be about to
[bi] [əbaʊt] [tu]

[v] 막 ~하려 하다
I was just about to go outside when you called me.
당신이 저에게 전화를 했었을 때 저는 막 집에서 나가려고 했습니다.

RANK 377

Part 5 ★★★ Part 6 ★★★★ Part 7 ★★★★ Total ★★★★

Commentary
[kɑːmənteri]

[n] 해설
The commentary on the soccer game yesterday was very helpful.
어제 축구경기 해설은 아주 도움이 되었다.

RANK 378

Part 5 ★★★ Part 6 ★★★★ Part 7 ★★★★ Total ★★★★

Amount
[əmáunt]

[n] 총액, 양
The amount of time that this document requires is incredible.
이 문서가 요구하는 시간의 총량은 엄청나다.

RANK 379

Part 5 ★★★ Part 6 ★★★★ Part 7 ★★★★ Total ★★★★

Exceed
[ɪksiːd]

[v] 넘다, 초과하다
The products that you just ordered exceeded our budget.
방금 주문한 상품은 우리의 예산을 초과하였다.

RANK 380

Part 5 ★★★★ Part 6 ★★★ Part 7 ★★★★ Total ★★★★

Allocate
[æləkeɪt]

[v] 할당하다
The manager allocated work for a new project.
새로운 프로젝트를 위해 매니저는 업무를 할당했다.

RANK 381
Part 5 ★★★★　Part 6 ★★★★　Part 7 ★★★　Total ★★★★

Emerge
[imɜːrdʒ]

[v] 나오다, 드러나다, 알려지다
A new problem emerged at today's meeting.
오늘 회의에서 새로운 문제들이 알려졌다.

RANK 382
Part 5 ★★★　Part 6 ★★★★　Part 7 ★★★★　Total ★★★★

Attraction
[ətrækʃn]

[n] 명소, 매력
That park is a very popular tourist attraction.
이 공원은 매우 인기 있는 관광명소이다.

RANK 383
Part 5 ★★★　Part 6 ★★★　Part 7 ★★★★★　Total ★★★★

Terms and conditions
[tɜːrmz] [ənd] [kəndɪʃnz]

[n] (계약이나 지불 등의) 조건
You must not skip reading the terms and conditions.
당신은 계약조건을 건너뛰며 읽지 말아야 한다.

홍샘의 포인트 강의
terms는 계약서에 쓰인 '단어나 용어'를 의미하고 conditions는 계약서에 나와 있는 '조건들'을 의미하므로 terms and conditions라는 표현은 한 마디로 '계약서 내의 내용'을 의미한다고 보면 좋습니다. 그 밖에 '계약서 항목'을 의미하는 단어로 provision이 있습니다.

RANK 384
Part 5 ★★★　Part 6 ★★★★　Part 7 ★★★★　Total ★★★★

Abandon
[əbændən]

[v] 버리다, 포기하다
I'm going to abandon all hope that I had in our leader.
나는 우리의 리더에게 갖고 있었던 모든 희망을 포기할 것이다.

RANK 385
Part 5 ★★★★　Part 6 ★★★★　Part 7 ★★★　Total ★★★★

Conduct
[kəndʌkt]

[v] 하다
My team will conduct a survey on our new products.
우리 팀은 새 제품에 관한 설문조사를 진행할 것이다.

RANK 386
Part 5 ★★★　Part 6 ★★★★　Part 7 ★★★★　Total ★★★★

Finish
[fɪnɪʃ]

[vt] 끝내다
[vi] 끝나다
I will finish the task very soon.
나는 업무를 곧 끝낼 것이다.

[n] (어떤 일의) 마지막 부분
The show's finish was disappointing.
쇼의 마지막 부분은 실망스러웠다.

[n] (페인트, 광택제 등의) 마감 칠(상태)
The finish on the desk is very fine.
책상의 마감 칠 상태는 매우 괜찮다.

RANK 387
Part 5 ★★★ Part 6 ★★★★ Part 7 ★★★★ Total ★★★★

Extend
[ɪkstend]

[v] 더 길게 만들다, 크게 만들다
I hope I can extend the deadline till next week.
나는 다음 주까지 마감기한을 연장할 수 있기를 바란다.

RANK 388
Part 5 ★★★★ Part 6 ★★★ Part 7 ★★★★ Total ★★★★

Explain
[ɪkspleɪn]

[v] 설명하다
I already explained the instructions to you thoroughly.
나는 이미 지시에 관해 당신에게 자세한 설명을 했다.

RANK 389
Part 5 ★★★★ Part 6 ★★★ Part 7 ★★★★ Total ★★★★

Impressed
[ɪmprest]

[a] 인상 깊게 생각하는, 감명을 받은
The board was impressed with our proposal.
이사회는 우리의 계획안에 매우 인상 깊어했다.

RANK 390
Part 5 ★★★★ Part 6 ★★★ Part 7 ★★★★ Total ★★★★

Arrangement
[əreɪndʒmənt]

[n] 준비, 마련, 방식, 합의, 배치
All arrangements for tomorrow's conference must be ready by tonight.
내일 회담을 위한 모든 준비는 오늘 밤까지 반드시 준비되어야 한다.

RANK 391
Part 5 ★★★★ Part 6 ★★★★ Part 7 ★★★ Total ★★★★

Especially
[ɪspeʃəli]

[ad] 특히
Everyone must prepare for the monthly audit, especially the managers.
모든 사람들은, 특히, 부장들은 반드시 월별 감사를 준비해야 한다.

RANK 392
Part 5 ★★★★ Part 6 ★★★★ Part 7 ★★★ Total ★★★★

Chance
[tʃæns]

[n] 가능성, 기회
There is no chance that you will finish the job by tonight.
당신이 내일까지 일을 끝낸다는 것에는 가능성이 없다.

[v] 운에 맡기다, 우연히 하다
I will chance my luck by buying a lottery ticket today.
나는 오늘 복권을 사는 것에 내 운을 맡길 것이다.

[a] 우연한

I experienced a chance encounter with my colleague at the mall.
나는 상점에서 내 동료와 우연히 마주쳤다.

홍쌤의 포인트 강의

a chance를 '기회'라고 해석하는 학생들이 많지만, 토익에서는 많은 경우에 '확률'이라고 해석할 수 있습니다. 기출 예문으로는 a chance of rain(비가 내릴 확률)이 있습니다.

RANK 393
Part 5 ★★★★ Part 6 ★★★★ Part 7 ★★★ Total ★★★★

Direct
[dərekt]

[a] 직접적인
The storm had no direct effect on the people living here.
폭풍우는 여기에 거주하는 사람에겐 직접적인 영향을 주지 않았다.

[v] 향하다
Direct your attention to the screen.
화면을 향해 주의를 집중해라.

[v] 지휘하다
Ms. Shin directed her team to move more efficiently.
Ms. Shin은 그녀의 팀을 보다 효율적으로 움직이도록 지휘하였다.

[v] 안내하다
She kindly directed me towards the entrance.
그녀는 문 쪽을 향해 친절히 안내했다.

[v] 지시하다, 명령하다
My boss directed that our team finish the job by tomorrow.
내 상사는 내일까지 우리 팀이 그 일을 끝내야 한다고 지시했다.

RANK 394
Part 5 ★★★ Part 6 ★★★★ Part 7 ★★★★ Total ★★★★

Assent
[əsent]

[v] 찬성하다 [n] 찬성
You will need plenty of assent from the board to pursue this project.
이 프로젝트를 밀고 나가기 위해서는 이사회의 많은 찬성이 필요할 것이다.

RANK 395
Part 5 ★★★ Part 6 ★★★★ Part 7 ★★★★ Total ★★★★

Area
[eriə]

[n] 분야, 부분
The area of geology is very interesting.
지질학 분야는 매우 흥미롭다.

RANK 396
Part 5 ★★★ Part 6 ★★★★ Part 7 ★★★★ Total ★★★★

Achievement
[ətʃiːvmənt]

[n] 업적, 성취한 것
Your achievements within our company are quite notable.
우리 회사 내에서 당신의 업적은 꽤 주목할 만하다.

RANK 397
Part 5 ★★★★ Part 6 ★★★ Part 7 ★★★★ Total ★★★★

Distribution
[dɪstrɪbjuːʃn]

[n] 분배, 분포
The distribution of these pamphlets is very important.
이 팸플릿의 배포는 매우 중요하다.

RANK 398

Part 5 ★★★ Part 6 ★★★★ Part 7 ★★★★ Total ★★★★

Goal
[goʊl]

[n] 목표
Our goal this year is to exceed the profits we made last year.
올해의 우리목표는 작년에 우리가 만들었던 수익을 넘는 것이다.

RANK 399

Part 5 ★★★ Part 6 ★★★ Part 7 ★★★★★ Total ★★★★

Projection
[prədʒekʃn]

[n] 예상, 추정
Our projections about the company were completely wrong.
회사에 관한 우리의 예상은 확실히 틀렸다.

RANK 400

Part 5 ★★★ Part 6 ★★★★ Part 7 ★★★★ Total ★★★★

Specify
[spesɪfaɪ]

[v] 명시하다
Specify your position on this issue.
그 쟁점에 대한 너의 의견을 명시하세요.

RANK 401

Part 5 ★★★ Part 6 ★★★ Part 7 ★★★★ Total ★★★★

Accommodation
[əkɑːmədeɪʃn]

[n] 거처, 숙소, 시설, 숙박 시설, 협상
We provide the best accommodations in town.
우리는 이 마을에서 최고의 숙박시설을 제공한다.

RANK 402

Part 5 ★★★ Part 6 ★★★ Part 7 ★★★★ Total ★★★★

Rate
[reɪt]

[n] 속도, 비율, 요금
At this rate, the company will not be able to avoid bankruptcy.
이런 속도라면, 그 회사는 파산을 피할 수 없을 것이다.

[v] 평가하다
The firm was not rated too high.
그 회사는 그리 높게 평가되지 않았다.

RANK 403

Part 5 ★★★ Part 6 ★★★★ Part 7 ★★★★ Total ★★★★

Consent
[kənsent]

[v] 동의하다, 허락하다
I consented to sign a contract.
나는 계약을 서명하는 것을 허락했다.

[n] 동의, 허락
After marketing manager's presentation, I could not give consent to his plan.
마케팅 부장의 발표 후, 나는 그의 계획에 동의할 수 없었다.

홍샘의 포인트 강의

written이란 표현을 사용하여 '문서화 되었다'는 의미를 나타낼 수 있습니다. Consent(동의)는 '구두'로 이루어질 수도 있지만 written consent라고 하면 '문서'로 이루어져 있다는 의미를 내포하게 됩니다. 이러한 단어의 예를 들면 written authorization(문서화된 허가), written permission(문서화된 허락), 그리고 written notification(문서화된 통보) 등이 있습니다.

RANK 404
Part 5 ★★★　Part 6 ★★★　Part 7 ★★★★　Total ★★★★

Admission
[ədmɪʃn]

[n] 입장, 입장료, 입회
You will not be granted admission without a ticket.
당신은 티켓 없이는 입장이 허가되지 않는다.

RANK 405
Part 5 ★★★　Part 6 ★★★★　Part 7 ★★★　Total ★★★★

Able
[eɪbl]

[a] ~할 수 있는
The company is able to provide a variety of services.
그 회사는 다양한 서비스를 제공할 수 있다.

RANK 406
Part 5 ★★★　Part 6 ★★★　Part 7 ★★★★　Total ★★★★

Construction
[kənstrʌkʃn]

[n] 건설, 공사
The restaurant is still under construction.
그 식당은 여전히 공사 중이다.

[n] 건축물
The brick construction at the end of the street is where I used to always play.
이 도로 끝의 벽돌 건축물은 내가 항상 놀곤 했던 곳이다.

RANK 407
Part 5 ★★★　Part 6 ★★★★　Part 7 ★★★★　Total ★★★★

Forward
[fɔːrwərd]

[v] 보내다
I just forwarded my resume and two forms of identification to the personnel department.
방금 전에 제 이력서와 신분증 두 개를 인사부서에 보냈습니다.

[ad] 앞으로
I could not move forward due to the traffic congestion.
나는 교통 체증 때문에 앞으로 나아갈 수 없었다.

RANK 408
Part 5 ★★★★　Part 6 ★★★★　Part 7 ★★★　Total ★★★★

Initially
[ɪnɪʃəli]

[ad] 처음에
Initially, you were supposed to come in 10 minutes early.
처음에, 당신은 십 분 일찍 왔어야 했다.

RANK 409
Part 5 ★★★　Part 6 ★★★★　Part 7 ★★★★　Total ★★★★

Train
[treɪn]

[v] 교육시키다, 훈련시키다
It is crucial to train the members of your team first.
당신 팀의 멤버들을 첫 번째로 훈련시키는 것이 중요하다.

RANK 410
Part 5 ★★★　Part 6 ★★★　Part 7 ★★★★　Total ★★★★

Be equipped with
[bi] [ɪkwɪpt] [wɪð]

[v] ~를 갖추고 있다
All rooms are equipped with an emergency kit.
모든 방들은 응급장비들로 잘 갖춰져 있다.

RANK 411
Part 5 ★★★　Part 6 ★★★　Part 7 ★★★★　Total ★★★★

Acquisition
[ækwɪzɪʃn]

[n] 습득, 인수
The acquisition of the new branch has altered the company's position.
새로운 지점의 인수는 회사의 위치를 변화시켰다.

RANK 412
Part 5 ★★★★　Part 6 ★★★　Part 7 ★★★　Total ★★★★

Cooperatively
[kouápərətivli]

[ad] 협력하여, 협조적으로
If every single one of you does not behave cooperatively, we cannot make progress.
만약 너희들 하나하나가 협력적으로 행동하지 않는다면, 우리는 일을 진행할 수 없다.

RANK 413
Part 5 ★★★　Part 6 ★★★　Part 7 ★★★★　Total ★★★★

Account for
[əkáunt] [fə(r)]

[v] 설명하다, ~을 해명하다
Your department will account for the mistake you made yesterday.
당신의 부서는 당신이 어제 만든 실수를 해명할 것이다.

RANK 414
Part 5 ★★★　Part 6 ★★★　Part 7 ★★★★　Total ★★★★

Accounting
[əkaʊntɪŋ]

[n] 회계
I specialized in accounting at university.
나는 대학에서 회계를 전공했다.

RANK 415
Part 5 ★★★　Part 6 ★★★　Part 7 ★★★★　Total ★★★★

Approve
[əpru:v]

[v] 찬성하다, 괜찮다고 생각하다
I approve of the decision you made last night.
나는 어젯밤에 당신이 내린 결정에 찬성한다.

[v] 승인하다
We need to get the proposal approved before presenting it to the board.
우리는 그 제의를 이사회에 발표하기 전에 승인 받는 것이 필요하다.

[v] 인가하다
The new policy was approved by the executive branch.
새로운 법안은 행정부에 의해 인가되었다.

RANK 416
Part 5 ★★★★ Part 6 ★★★ Part 7 ★★★ Total ★★★★

Ensure
[ɪnʃʊr]

[v] 반드시 ~하게 하다, 보장하다
I ensure that the company will grow considerably under my leadership.
저는 회사가 제 지휘아래 상당히 커질 것이라 보장한다.

홍샘의 포인트 강의
ensure는 that절이나 to부정사가 뒤에 나오며 '보장하고자 하는 내용'을 목적어로 취합니다.

RANK 417
Part 5 ★★★ Part 6 ★★★ Part 7 ★★★★ Total ★★★★

Cleanliness
[klenlinəs]

[n] 청결
An individual's cleanliness is also important to others in the office.
회사에서는 개개인의 청결 또한 다른 사람들에게 매우 중요하다.

RANK 418
Part 5 ★★★ Part 6 ★★★ Part 7 ★★★★ Total ★★★★

Convene
[kənviːn]

[v] 소집하다, 회합하다
I will convene the members of my department to discuss this issue.
나는 이 주제에 관해 토론하기 위해 우리 부서의 사람들을 소집할 것이다.

RANK 419
Part 5 ★★★ Part 6 ★★★ Part 7 ★★★★ Total ★★★★

Advantage
[ədvæntɪdʒ]

[n] 유리한 점, 이점, 장점
My company has the advantage in the Korean market.
우리 회사는 한국 시장에서 유리한 점을 갖고 있다.

RANK 420
Part 5 ★★★ Part 6 ★★★ Part 7 ★★★★ Total ★★★★

Division
[dɪvɪʒn]

[n] 분할, 분배
The division of labor is important for a factory to be productive.
노동력의 분배는 공장이 생산적이기 위해 꼭 필요하다.

RANK 421
Part 5 ★★★ Part 6 ★★★ Part 7 ★★★★ Total ★★★★

Cleaning
[kliːnɪŋ]

[n] 청소
The office cleaning is done by Michael.
회사청소는 마이클에 의해 끝났다.

RANK 422
Part 5 ★★★ Part 6 ★★★ Part 7 ★★★★ Total ★★★★

Absence
[æbsəns]

[n] 결석, 부재
Your absence today caused a lot of problems.
오늘 너의 부재는 많은 문제들을 야기했다.

RANK 423

Part 5 ★★★ Part 6 ★★★ Part 7 ★★★★ Total ★★★★

Atmosphere
[ætməsfɪr]

[n] 분위기
The atmosphere in the room suddenly became sullen.
방의 분위기가 갑자기 음침해졌다.

RANK 424

Part 5 ★★★ Part 6 ★★★ Part 7 ★★★★ Total ★★★★

Assure
[əʃʊr]

[v] 장담하다, 확언하다
I assure that our company in danger of going bankrupt can escape from the worst financial crisis.
나는 파산위기에 있는 우리 회사가 최악의 재정위기로부터 벗어날 수 있다고 장담한다.

RANK 425

Part 5 ★★★★ Part 6 ★★★ Part 7 ★★★ Total ★★★★

Develop
[dɪveləp]

[v] 성장하다, 개발하다, 발생하다, 현상하다
I believe it is important to develop new ideas to help us survive in the market.
나는 우리가 시장에서 생존하기 위해서는 새로운 아이디어를 개발하는 것이 매우 중요하다고 믿는다.

RANK 426

Part 5 ★★★ Part 6 ★★★ Part 7 ★★★★ Total ★★★★

Agency
[eɪdʒənsi]

[n] 대행사
The travel agency will take care of my flight schedule.
그 여행 대행사는 내 비행일정을 잘 처리할 것이다.

RANK 427

Part 5 ★★★ Part 6 ★★★ Part 7 ★★★★ Total ★★★★

Duty
[duːti]

[n] 의무
You have a duty to provide for your family.
너는 너의 가족들을 부양할 의무가 있다.

[n] 직무, 임무
It is Mr. Scott's duty to guard this building.
이 건물을 보호하는 것이 Mr. Scott's의 임무다.

[n] 업무
My office duties mostly consist of filing paperwork.
내 회사업무는 대체적으로 서류작업들을 철하는 것으로 이루어져있다.

RANK 428

Part 5 ★★★ Part 6 ★★★★ Part 7 ★★★ Total ★★★★

Basis
[beɪsɪs]

[n] 기준, 단위
I take my medicine on a daily basis.
나는 매일 약을 먹는다.

RANK 429

Part 5 ★★★　Part 6 ★★★　Part 7 ★★★★　Total ★★★★

Contractor
[kəntræktə(r)]

[n] 계약자, 도급업자
I have to call the contractor before approving these changes.
나는 이 변경들을 승인하기 전에 계약자에게 전화해야 한다.

RANK 430

Part 5 ★★★　Part 6 ★★★　Part 7 ★★★★　Total ★★★★

Appraisal
[əpreɪzl]

[n] 평가, 판단
The board's appraisal about the company's current performance is valuable.
회사의 현재 성과에 관한 이사진들의 평가는 가치가 있다.

RANK 431

Part 5 ★★★　Part 6 ★★★　Part 7 ★★★★　Total ★★★★

Examine
[ɪgzæmɪn]

[v] 조사하다
Please examine the food that has just arrived.
막 도착한 식품을 조사해 주십시오.

RANK 432

Part 5 ★★★　Part 6 ★★★　Part 7 ★★★★　Total ★★★★

Merge
[mɜːrdʒ]

[v] 합병하다, 합치다
If we merge with W&S holdings, we can expand into the European market.
만약 우리가 W&S holdings와 합병을 한다면, 우리는 유럽시장으로 진출할 수 있다.

홍샘의 포인트 강의

merge A with B는 'A와 B를 (회사나 부서) 합병하다, 통합하다'의 의미이고 명사형은 merger입니다. Acquire의 경우 '인수하다'의 의미입니다. 일방적으로 한 회사가 다른 회사를 인수할 경우에는 acquire란 표현을 사용하고 명사형은 acquisition입니다. 이 둘을 합쳐서 M&A(merger and acquisition)라고 부르기도 합니다.

RANK 433

Part 5 ★★★　Part 6 ★★★　Part 7 ★★★★　Total ★★★★

Delay
[dɪleɪ]

[n] 지연, 지체
The delay in mail delivery was taking too long.
우편배달의 지체는 너무 길었다.

[v] 미루다, 연기하다
All flights were delayed for the day.
그 날은 모든 비행기들이 지연되었다.

RANK 434
Part 5 ★★★★ Part 6 ★★★ Part 7 ★★★ Total ★★★★

Attribute
[ətrɪbjuːt]

[v] ~을 ~의 결과로 보다
I attribute my poor grades to my lack of study.
나는 공부부족이 내 낮은 성적의 결과라고 본다.

RANK 435
Part 5 ★★★ Part 6 ★★★ Part 7 ★★★★ Total ★★★★

Attend
[ətend]

[v] 참석하다
I cannot attend the meeting tomorrow because of my business trip.
나는 출장 때문에 내일 그 회의에 참석할 수 없다.

[v] 다니다
My children attend an elementary school in town.
내 아이들은 마을의 초등학교에 다닌다.

[v] 주의를 기울이다
You must attend to the problem carefully.
당신은 신중히 문제에 주의를 기울여야 한다.

홍샘의 포인트 강의
attend는 seminar, presentation, workshop, conference, meeting, convention에 참석하는 것을 의미합니다. Meeting은 작은 규모의 모임이고, seminar와 workshop, presentation은 지식을 공유하기 위한 모임이며, conference, convention은 대략 1년에 한 번 정도 열리는 큰 규모의 '총회'를 의미합니다.

RANK 436
Part 5 ★★★ Part 6 ★★★ Part 7 ★★★★ Total ★★★★

Celebrity
[səlebrəti]

[n] 유명인사
Her father is a famous celebrity in our town.
그녀의 아버지는 이 마을에서 유명인사이다.

RANK 437
Part 5 ★★★ Part 6 ★★★ Part 7 ★★★★ Total ★★★★

Expansion
[ɪkspænʃn]

[n] 확대, 확장, 팽창
The office will undergo an expansion next week.
그 회사는 다음 주에 확장할 것이다.

RANK 438
Part 5 ★★★ Part 6 ★★★ Part 7 ★★★★ Total ★★★★

Advertisement
[ædvərtaɪzmənt]

[n] 광고
The company's new advertisement was very interesting.
그 회사의 새 광고는 매우 흥미 있었다.

RANK 439
Part 5 ★★★★ Part 6 ★★★ Part 7 ★★★ Total ★★★★

Appearance
[əpɪrəns]

[n] 모습, 외모
It is not good to judge a person by appearance.
사람을 외모로 평가하는 것은 좋지 못하다.

RANK 440

| Part 5 ★★★ | Part 6 ★★★ | Part 7 ★★★★ | Total ★★★★ |

Cuisine
[kwɪziːn]

[n] 요리법, 요리
Indian cuisine is one of my favorites.
인도 요리는 내가 좋아하는 것 중 하나이다.

RANK 441

| Part 5 ★★★ | Part 6 ★★★ | Part 7 ★★★★ | Total ★★★★ |

Diner
[daɪnə(r)]

[n] 식당
Meet me at the diner at 7:00 pm.
오후 일곱 시 식당에서 저하고 만나요.

RANK 442

| Part 5 ★★★★ | Part 6 ★★★ | Part 7 ★★★ | Total ★★★★ |

Assign
[əsaɪn]

[v] (일, 책임을) 맡기다
I will assign you tasks according to your particular skills.
나는 너의 특별한 기량에 따라 업무를 맡길 것이다.

[v] (사람을) 배치하다
She was assigned to a different desk the following day.
그녀는 그 다음날 다른 책상에 배치되었다.

RANK 443

| Part 5 ★★★ | Part 6 ★★★ | Part 7 ★★★★ | Total ★★★★ |

Helpful
[helpfl]

[a] 도움이 되는, 기꺼이 돕는
I find your comments quite helpful.
나는 당신의 충고가 확실히 도움이 된다는 걸 알았다.

RANK 444

| Part 5 ★★★ | Part 6 ★★★ | Part 7 ★★★★ | Total ★★★★ |

Bill
[bɪl]

[v] 청구하다, 계산서에 기재하다
I was billed more than I expected at the restaurant.
음식점에서 내가 예상했던 것보다는 많이 청구되었다.

RANK 445

| Part 5 ★★★ | Part 6 ★★★ | Part 7 ★★★★ | Total ★★★★ |

Total
[toʊtl]

[a] 총, 전체의
I will need a list on the total amount of products we produced last month.
나는 지난 달 우리가 생산했던 상품들의 총량에 관한 목록이 필요할 것이다.

[a] 완전한, 전면적인
Your lack of leadership has brought us to total ruin.
당신의 리더십 부족은 우리들을 완전한 몰락으로 이르게 했다.

RANK 446

Part 5	Part 6	Part 7	Total
★★★	★★★	★★★★	★★★★

Compile
[kəmpaɪl]

[v] 엮다, 편집하다
The editors compiled all previous issues.
편집자들은 이전의 모든 이슈들을 편집하였다.

RANK 447

Part 5	Part 6	Part 7	Total
★★★	★★★	★★★	★★★

Associate
[əsoʊʃiət] [əsoʊsieɪt]

[n] 동료
You and your associates are responsible for the upcoming project.
당신과 당신의 동료들은 다가올 프로젝트에 책임이 있다.

[v] 어울리다, 연관 짓다
You need to start associating with the right kind of people.
당신은 올바른 사람과 어울리는 것이 당장 필요하다.

RANK 448

Part 5	Part 6	Part 7	Total
★★★	★★★	★★★★	★★★★

Coworker
[kóuwə̀ːrkər]

[n] 동료
I do not speak much to my coworkers.
나는 내 동료들에게 별로 말을 하지 않는다.

RANK 449

Part 5	Part 6	Part 7	Total
★★★	★★★	★★★★	★★★★

Evidence
[evɪdəns]

[n] 증거, 흔적
We need more evidence to confirm your educational background.
우리는 당신의 학력을 확인하기 위한 증거들이 더 필요하다.

RANK 450

Part 5	Part 6	Part 7	Total
★★★	★★★	★★★★	★★★★

Representative
[reprɪzentətɪv]

[n] 대표, 대표자
The representative of this country will go to the conference.
이 나라의 대표자는 그 컨퍼런스에 갈 것이다.

홍샘의 포인트 강의

customer service center란 고객의 목소리에 직접 귀 기울여 의견을 반영하거나 불편 사항을 접수 받는 곳이며 그곳에서 일하는 직원들을 customer service representatives라고 합니다.

RANK 451

Part 5	Part 6	Part 7	Total
★★★	★★★	★★★★	★★★★

Tailored
[teɪlərd]

[a] (옷이) 잘 맞도록 만든, 맞춤의
We sell tailored jackets to satisfy the needs of our customers.
우리는 우리 고객의 요구를 충족시키기 위해 맞춤 상의를 판다.

RANK 452
Part 5 ★★★ Part 6 ★★★ Part 7 ★★★★ Total ★★★★

Discussion
[dɪskʌʃn]

[n] 토론, 논의
I will no longer take part in this discussion.
나는 더는 이 토론에 참여하지 않을 것이다.

RANK 453
Part 5 ★★★★ Part 6 ★★★ Part 7 ★★★ Total ★★★★

Clearance
[klɪrəns]

[n] 없애기, 정리, 허가
The store is having a clearance sale today.
그 상점은 오늘 재고정리세일을 하고 있다.

RANK 454
Part 5 ★★★ Part 6 ★★★ Part 7 ★★★★ Total ★★★★

Certificate
[sərtɪfɪkət]

[n] 상품권, 증명서, 자격
Send me your resume with a certificate.
당신의 이력서를 자격증과 함께 저에게 보내주시기 바랍니다.

RANK 455
Part 5 ★★★ Part 6 ★★★ Part 7 ★★★★ Total ★★★★

Gratitude
[grætɪtuːd]

[n] 고마움, 감사, 사의
I express my gratitude from the bottom of my heart.
저는 진심으로 고마움을 표합니다.

RANK 456
Part 5 ★★★★ Part 6 ★★★ Part 7 ★★★ Total ★★★★

Sufficient
[səfɪʃnt]

[a] 충분한
A sufficient amount of electricity is needed to operate the machine.
이 기계를 작동시키기 위해서는 충분한 양의 전력이 필요하다.

RANK 457
Part 5 ★★★ Part 6 ★★★ Part 7 ★★★★ Total ★★★★

Electronics
[ɪlektrɑːnɪks]

[n] 전자제품
Customers want to purchase our electronics because of its durability and safety.
고객들은 제품의 내구성과 안전성 때문에 우리 전자제품을 구매하기를 원한다.

RANK 458
Part 5 ★★★ Part 6 ★★★ Part 7 ★★★★ Total ★★★★

Decorate
[dekəreɪt]

[v] 장식하다
We will soon decorate the room with Christmas lights.
우리는 곧 방을 크리스마스 등불로 장식할 것이다.

RANK 459

Part 5	Part 6	Part 7	Total
★★★	★★★	★★★★	★★★★

Contain
[kənteɪn]

[v] 포함하다
The paper contains much useful information.
그 논문은 많은 유용한 정보를 포함하고 있다.

RANK 460

Part 5	Part 6	Part 7	Total
★★★	★★★	★★★★	★★★★

Negotiate
[nɪɡoʊʃieɪt]

[v] 협상하다, 교섭하다
I have tried to negotiate with other companies for the past three days.
저는 지난 3일 동안 다른 회사들과 협상하려고 노력해왔다.

RANK 461

Part 5	Part 6	Part 7	Total
★★★	★★★	★★★★	★★★★

Operate
[ɑːpəreɪt]

[v] (기계) 작동되다, 가동되다, 가동하다
Read the instruction manual in order to operate the printer.
인쇄기를 작동시키기 위해 사용 설명서를 읽으세요.

[v] (시스템, 절차) 운용되다, 운용하다
I do not know how the educational system of this country operates.
나는 이 나라의 교육시스템이 어떻게 운용되는지 모른다.

[v] (사업체, 기관) 영업하다, 작업하다
You need effective machinery for the factory to operate smoothly.
당신은 공장을 순조롭게 가동하기 위해 효율적인 기계가 필요하다.

RANK 462

Part 5	Part 6	Part 7	Total
★★★	★★★	★★★★	★★★★

Grateful
[greɪtfl]

[a] 고마워하는, 감사하는
I am grateful to you for offering a helping hand.
나는 당신이 도움의 손길을 준 것에 감사하고 있습니다.

RANK 463

Part 5	Part 6	Part 7	Total
★★★	★★★	★★★★	★★★★

Lead to
[liːd] [tu]

[v] ~로 이어지다
Excessive spending will lead to bankruptcy.
초과 소비는 파산으로 이어질 것이다.

RANK 464

Part 5	Part 6	Part 7	Total
★★★	★★★	★★★★	★★★★

Competent
[kɑːmpɪtənt]

[a] 능숙한, 유능한
Such a competent individual will be promoted in no time.
이런 유능한 사람은 곧 승진하게 될 것이다.

RANK 465

Part 5 ★★★　Part 6 ★★★　Part 7 ★★★★　Total ★★★★

Deserve
[dɪzɜːrv]

[v] ~해야 마땅하다, 받을만하다
I deserve a wage raise.
나는 봉급을 올려 받을 만하다.

RANK 466

Part 5 ★★★　Part 6 ★★★　Part 7 ★★★★　Total ★★★★

Comfortable
[kʌmftəbl]

[a] 편안한
A comfortable couch
편안한 소파

RANK 467

Part 5 ★★★　Part 6 ★★★　Part 7 ★★★★　Total ★★★★

Indicate
[ɪndɪkeɪt]

[v] 나타내다, 보여주다, 가리키다, 표시하다
The email indicated that Mr. Simmons had called the previous day.
그 이메일은 Mr. Simmons가 전날 전화 했었다는 것을 보여준다.

홍샘의 포인트 강의

indicate는 사람이 주어로 오기보다는 자료나 증거가 주어가 되어서 '알 수 있게 해주다, 암시하다'의 의미로 쓰입니다. 만약 사람이 주어로 올 경우라면 직접 말하는 것이 아니라 암시하거나 돌려서 말하는 것을 의미하게 됩니다. 이는 indicate 동사가 자료나 증거의 경우 사람처럼 말을 하지 못하므로 간접적으로 알려준다는 의미를 나타내기 위해 쓰이기 때문입니다.

RANK 468

Part 5 ★★★　Part 6 ★★★　Part 7 ★★★★　Total ★★★★

Completed
[kəmpliːtid]

[a] 작성한
I need to see a completed registration form.
나는 작성된 신청서를 보아야 한다.

RANK 469

Part 5 ★★★　Part 6 ★★★　Part 7 ★★★★　Total ★★★★

Phase
[feɪz]

[n] 단계, 국면
The company is going through a phase of recovery.
그 회사는 회복 단계를 겪고 있다.

RANK 470

Part 5 ★★★　Part 6 ★★★　Part 7 ★★★★　Total ★★★★

Study
[stʌdi]

[v] 공부하다, 살피다, 검토하다
You will need to study the material before going to the meeting.
당신은 모임에 가기 전에 그 자료를 검토해야 한다.

[n] 공부, 연구, 학습, 학문
I am interested in the study of that field.
나는 그 분야 쪽의 학문에 관심이 있다.

RANK 471
Part 5 ★★★ Part 6 ★★★ Part 7 ★★★★ Total ★★★★

Examination
[ɪgzæmɪneɪʃn]

[n] 조사, 검사
Further examination of the documents revealed shocking facts.
서류들의 추가 조사는 충격적인 사실들을 드러냈다.

RANK 472
Part 5 ★★★ Part 6 ★★★ Part 7 ★★★★ Total ★★★★

Duration
[dureɪʃn]

[n] 기간, 지속
The duration of the flight took longer than I expected.
비행 기간이 내가 예상했던 것보다 더 길었다.

RANK 473
Part 5 ★★★ Part 6 ★★★ Part 7 ★★★★ Total ★★★★

Select
[sɪlekt]

[v] 선발하다, 선택하다
Please select the members of your team.
당신의 팀 멤버들을 선택해주세요.

RANK 474
Part 5 ★★★ Part 6 ★★★ Part 7 ★★★★ Total ★★★★

Joint
[dʒɔɪnt]

[a] 공동의, 합동의
The two departments will be taking up a joint project.
두 부서가 공동 프로젝트를 계속할 것이다.

RANK 475
Part 5 ★★★ Part 6 ★★★ Part 7 ★★★★ Total ★★★★

Impressive
[ɪmpresɪv]

[a] 인상적인, 인상 깊은
Your work at your previous company was quite impressive.
당신의 이전 회사에서의 업적은 꽤 인상 깊었다.

RANK 476
Part 5 ★★★ Part 6 ★★★ Part 7 ★★★★ Total ★★★★

Decision
[dɪsɪʒn]

[n] 결정, 판단
You cannot take any action until your manager makes a final decision.
당신은 당신의 부장이 최종 결정을 내릴 때까지 어떠한 조치도 취할 수 없다.

RANK 477
Part 5 ★★★ Part 6 ★★★ Part 7 ★★★★ Total ★★★★

Hand out
[hænd] [aʊt]

[v] 나눠주다
Hand out the brochures with the information.
그 정보가 있는 소책자를 나눠주세요.

RANK 478
Part 5 ★★★ Part 6 ★★★ Part 7 ★★★★ Total ★★★★

Deposit
[dɪpɑːzɪt]

[n] 보증금
We require a deposit of $200 in advance.
우리는 $200의 보증금이 미리 필요하다.

RANK 479
Part 5 ★★★ Part 6 ★★★ Part 7 ★★★★ Total ★★★★

Represent
[reprɪzent]

[v] 대표하다
Our company represents the entire industry.
우리 회사는 전체 업계를 대표한다.

[v] 대변하다
My boss will represent me in the meeting.
나의 상사는 모임에서 나를 대변할 것이다.

홍샘의 포인트 강의
represent는 토익에서 특히 중요한 동사로 '나타내다(상징하다), 대표하다, 대리하다, 묘사하다'의 의미가 있습니다. Representative는 '대표자, 담당자'를 나타냅니다.

RANK 480
Part 5 ★★★ Part 6 ★★★ Part 7 ★★★★ Total ★★★★

Estimate
[estɪmeɪt] [estɪmət]

[v] 추산하다, 추정하다
Professional teams are estimating the damage that the storm has caused.
전문적인 팀들이 폭풍이 야기한 피해를 추정하고 있다.

[n] 추정, 추산, 견적서
An estimate of our expenses will be included in the report.
리포트에 우리의 소비에 관한 견적서가 포함될 것이다.

RANK 481
Part 5 ★★★ Part 6 ★★★ Part 7 ★★★★ Total ★★★★

Durable
[dʊrəbl]

[a] 내구성이 있는, 오래가는
Although our products are more expensive, they are definitely durable.
우리의 제품은 비싸지만 확실히 내구성이 있다.

RANK 482
Part 5 ★★★ Part 6 ★★★ Part 7 ★★★★ Total ★★★★

Entire
[ɪntaɪə(r)]

[a] 전체의
You will need the entire office to support you on your claims.
사무실의 모든 직원이 너의 주장을 지지해줘야 한다.

RANK 483
Part 5 ★★★ Part 6 ★★★ Part 7 ★★★★ Total ★★★★

Operation
[ɑːpəreɪʃn]

[n] 수술, 사업, 작업, 운용
My father will have an operation tonight.
나의 아버지가 오늘 밤 수술에 들어갈 것이다.

RANK 484
Part 5 ★★★ Part 6 ★★★ Part 7 ★★★★ Total ★★★★

Employ
[ɪmplɔɪ]

[v] 고용하다
We will employ you under certain conditions.
우리는 특정한 환경에서 당신을 고용할 것이다.

RANK 485
Part 5 ★★★ Part 6 ★★★ Part 7 ★★★★ Total ★★★★

Reference
[refrəns]

[n] 언급, 참조, 추천서, 문헌
You can find the references in the last page.
당신은 마지막 페이지에서 참조문헌을 찾을 수 있다.

RANK 486
Part 5 ★★★ Part 6 ★★★ Part 7 ★★★★ Total ★★★★

Obtain
[əbteɪn]

[v] 얻다
I have obtained a lot of experience through my travels.
나는 여행을 통해 많은 경험을 얻었다.

RANK 487
Part 5 ★★★ Part 6 ★★★ Part 7 ★★★★ Total ★★★★

Manager
[mænɪdʒə(r)]

[n] 경영자
Being the manager of this regional branch is not easy.
이 지역 분점의 관리인이 되는 것은 쉽지 않다.

RANK 488
Part 5 ★★★ Part 6 ★★★ Part 7 ★★★★ Total ★★★★

A variety of
[ə] [vəraɪəti] [ʌv]

[a] 여러 가지의
We offer you a variety of services.
우리는 당신에게 여러 가지의 서비스를 제공한다.

RANK 489
Part 5 ★★★ Part 6 ★★★ Part 7 ★★★★ Total ★★★★

Inexperienced
[ɪnɪkspɪriənst]

[a] 경험이 부족한, 미숙한
Even though this candidate is inexperienced, he has high potentials.
비록 이 지원자는 경험이 부족하지만, 그는 높은 잠재력을 갖고 있다.

RANK 490
Part 5 ★★★ Part 6 ★★★ Part 7 ★★★★ Total ★★★★

Efficiency
[ɪfɪʃnsi]

[n] 효율, 능률
The efficiency of our manufacturing plant in China has markedly been dropping since last quarter.
중국에 있는 우리 생산 공장의 효율성이 지난 분기 이후로 두드러지게 하락하고 있다.

RANK 491
Part 5 ★★★ Part 6 ★★★ Part 7 ★★★★ Total ★★★★

Restoration
[restəreɪʃn]

[n] 복원
Restoration of the files that were erased is the most crucial task at this point of time.
이 시점에서 지워졌던 파일의 복원은 지금 당장 해야 할 가장 중요한 업무이다.

RANK 492
Part 5 ★★★★　Part 6 ★★★　Part 7 ★★★　Total ★★★★

Recover
[rɪkʌvə(r)]

[v] 회복하다, 되찾다
We have to recover from the crisis that we faced last month.
우리는 지난달 직면했던 그 위기로부터 회복해야만 한다.

RANK 493
Part 5 ★★★　Part 6 ★★★　Part 7 ★★★★　Total ★★★★

Rely on
[riláɪ] [ɑ]

[v] ~에 의지하다, ~을 필요로 하다
We will rely on the few resources that we have left.
우리는 우리가 남겨온 얼마 안 되는 자원에 의존해야 한다.

[v] ~을 믿다(신뢰하다)
We can no longer rely on the board of directors.
우리는 더는 이사회를 신뢰할 수 없다.

RANK 494
Part 5 ★★★　Part 6 ★★★　Part 7 ★★★★　Total ★★★★

Ideal
[aɪdíːəl]

[a] 이상적인, 완벽한
This is the ideal company I have always wanted to work in.
이곳은 내가 언제나 일하고 싶어 했던 이상적인 회사이다.

RANK 495
Part 5 ★★★　Part 6 ★★★　Part 7 ★★★★　Total ★★★★

Imply
[ɪmpláɪ]

[v] 암시하다, 넌지시 나타내다, 의미하다
The current economic crisis implies that we might lose our jobs.
현재의 경제공황은 우리가 직장을 잃을 것을 암시한다.

RANK 496
Part 5 ★★★　Part 6 ★★★　Part 7 ★★★★　Total ★★★★

Enclose
[ɪnklóʊz]

[v] 동봉하다
We will also enclose a gift certificate to show you our gratitude.
우리는 또한 당신에게 감사의 뜻을 전하기 위해 상품권을 동봉할 것이다.

RANK 497

Part 5 ★★★ | Part 6 ★★★ | Part 7 ★★★★ | Total ★★★★

Device
[dɪvaɪs]

[n] 기계적 장치

Please refrain from bringing unnecessary devices to the office.
회사에 불필요한 장치들을 가져오지 마십시오.

RANK 498

Part 5 ★★★ | Part 6 ★★★ | Part 7 ★★★★ | Total ★★★★

Omit
[əmɪt]

[v] 빠뜨리다, 생략하다

I accidentally omitted important details in my report.
나는 뜻하지 않게도 리포트에 중요한 세부사항들을 빠트렸다.

RANK 499

Part 5 ★★★ | Part 6 ★★★ | Part 7 ★★★★ | Total ★★★★

Preparation
[prepəreɪʃn]

[n] 준비, 대비

The company made preparations for the event that would take place that evening.
회사는 그날 밤에 일어날 이벤트를 준비했다.

RANK 500

Part 5 ★★★ | Part 6 ★★★ | Part 7 ★★★★ | Total ★★★★

Relocate
[ri:loʊkeɪt]

[v] 이전하다, 이동하다

I was relocated to a new branch last month.
나는 지난달 새 분점으로 이동했다.

RANK 501

Part 5 ★★★ | Part 6 ★★★ | Part 7 ★★★★ | Total ★★★★

Improvement
[ɪmpru:vmənt]

[n] 향상, 개선, 호전

I can go anywhere in the city thanks to the improvement of public transportation system.
대중교통 시스템 덕분에 나는 도시 어디든지 갈 수 있다.

RANK 502

Part 5 ★★★ | Part 6 ★★★ | Part 7 ★★★★ | Total ★★★★

Name
[neɪm]

[v] 이름을 지어주다, 명명하다, 지정하다, 지명하다, 임명하다

My parents named me Grace at birth
태어났을 때 부모님께서 나에게 Grace라고 이름을 지어 주셨다.

Rank 503-749

정답으로 등장하는 TOEIC 단어들

RANK 503

Part 5	Part 6	Part 7	Total
★★★	★★★	★★★★	★★★★

Supervise
[suːpərvaɪz]

[v] 감독하다, 지도하다
There is no manager to supervise the work of employees at the moment.
지금 직원들의 일을 감독해야 할 관리자가 없다.

RANK 504

Part 5	Part 6	Part 7	Total
★★★	★★★	★★★★	★★★★

Subsequent
[sʌbsɪkwənt]

[a] 그 다음의, 차후의
Subsequent reports will be posted on the website.
차후의 보고서들은 웹사이트에 게시될 것이다.

RANK 505

Part 5	Part 6	Part 7	Total
★★★	★★★	★★★★	★★★★

Display
[dɪspleɪ]

[n] 전시
Product displays determine the company's sales figures critically.
상품 전시는 결정적으로 회사의 매출을 결정한다.

RANK 506

Part 5	Part 6	Part 7	Total
★★★★	★★★	★★★	★★★★

Independent
[ɪndɪpendənt]

[a] 독립된
Korea became an independent nation in 1945.
한국은 1945년도에 독립국가가 되었다.

RANK 507

Part 5	Part 6	Part 7	Total
★★★	★★★	★★★★	★★★★

Implement
[ɪmplɪment]

[v] 시행하다
The government must implement a new environmental policy as soon as possible.
정부는 새로운 환경 정책을 가능한 한 빨리 실행해야 한다.

RANK 508

Part 5	Part 6	Part 7	Total
★★★	★★★	★★★★	★★★★

Explore
[ɪksplɔː(r)]

[v] 탐구하다, 살피다
Your new task is to explore and research the new market.
당신의 새로운 업무는 새로운 시장을 탐구하고 조사하는 것이다.

RANK 509

Part 5	Part 6	Part 7	Total
★★★	★★★	★★★★	★★★★

Construct
[kənstrʌkt]

[v] 건설하다
The architect and his team will construct the company building.
그 건축가와 그의 팀은 회사 건물을 건설할 것이다.

RANK 510

| Part 5 ★★★ | Part 6 ★★★ | Part 7 ★★★★ | Total ★★★★ |

Resign
[rɪzaɪn]

[v] 사직하다, 사임하다, 물러나다
Mr. Kim resigned from his position at the age of 60.
Mr. Kim은 60세 때에 그의 자리에서 물러났다.

RANK 511

| Part 5 ★★★ | Part 6 ★★ | Part 7 ★★★★ | Total ★★★ |

According to
[əkɔːrdɪŋtə]

[prep] (진술, 기록) 따르면
According to the map of Korea, Dokdo Island is the property of Korea.
한국 지도에 따르면, 독도는 한국의 소유지이다.

[prep] (지시, 합의)따라
According to the new law, you are not allowed to smoke anywhere in the building as of next month.
새로운 법에 따라, 다음 달부터 당신은 건물 내에서 흡연이 허용되지 않는다.

RANK 512

| Part 5 ★★★ | Part 6 ★★★ | Part 7 ★★★★ | Total ★★★★ |

Look forward to
[lʊk] [fɔːrwərd] [tu]

[v] ~을 기대하다, 고대하다
I look forward to hearing from you soon.
저는 곧 당신으로부터 회신이 오기를 기대합니다.

RANK 513

| Part 5 ★★★ | Part 6 ★★★ | Part 7 ★★★★ | Total ★★★★ |

Pleasure
[pleʒə(r)]

[n] 기쁨, 즐거움
It is a great pleasure to meet you again.
당신을 다시 만나서 대단히 기쁩니다.

RANK 514

| Part 5 ★★★ | Part 6 ★★★ | Part 7 ★★★★ | Total ★★★★ |

Summarize
[sʌməraɪz]

[v] 요약하다
Please summarize the article and submit it by next week.
이 기사문을 요약하시고 다음 주까지 제출하세요.

RANK 515

| Part 5 ★★★ | Part 6 ★★★ | Part 7 ★★★★ | Total ★★★★ |

Regular
[regjələ(r)]

[a] 규칙적인, 정기적인
It is crucial to exercise on a regular basis to stay healthy.
건강한 상태를 유지하기 위해 정기적으로 운동하는 것은 중요하다.

[a] 보통의, 평상시의
It's a regular mundane morning.
평상시의 일상적인 아침이다.

RANK 516
Part 5 ★★★　Part 6 ★★★　Part 7 ★★★★　Total ★★★★

Leader
[liːdə(r)]

[n] 지도자, 대표
The company's success greatly depends on the quality of the leader.
회사의 성공여부는 리더의 자격에 크게 달려있다.

RANK 517
Part 5 ★★★　Part 6 ★★★　Part 7 ★★★★　Total ★★★★

Retain
[rɪteɪn]

[v] 유지하다
It is harder to retain than to gain.
얻는 것보다 유지하는 것이 더 힘들다.

RANK 518
Part 5 ★★★　Part 6 ★★★　Part 7 ★★★★　Total ★★★★

In detail
[ɪn] [diːteɪl]

[ad] 상세하게
Answer the following question in detail.
다음 문제를 상세하게 대답해 주십시오.

홍샘의 포인트 강의

보통 숙어를 이루는 단어의 경우는 관사 (the나 a)를 쓰지 않습니다.

in person 몸소, 직접
in writing (직접 만나지 않고)서면으로
in detail 자세하게, 상세히
in error 실수가 있는
in order 정돈되어; 차례대로
in place 제자리에, 적소에
in time 적절한 시기에
in part 부분적으로

RANK 519
Part 5 ★★★　Part 6 ★★★　Part 7 ★★★　Total ★★★

Absolutely
[ǽbsəluːtli]

[ad] 전적으로
It is absolutely necessary for people to exercise every day.
매일 운동하는 것은 사람들에게 전적으로 필요한 것이다.

RANK 520
Part 5 ★★★　Part 6 ★★★　Part 7 ★★★　Total ★★★

Development
[dɪveləpmənt]

[n] 발달, 성장
The development of the software will help us continue to dominate the IT market in Korea.
한국에서 소프트웨어의 발달은 우리가 IT시장을 계속 장악하도록 도와줄 것이다.

RANK 521
Part 5 ★★★　Part 6 ★★★　Part 7 ★★★　Total ★★★

Circulate
[sɜːrkjəleɪt]

[v] 순환하다, 순환시키다
I heard a rumor circulating that Mr. Park might be transferred to another branch in Korea.
나는 Mr. Park이 한국의 다른 지점으로 옮긴다는 소문이 돌고 있다는 걸 들었다.

RANK 522

Part 5 ★★★ Part 6 ★★★ Part 7 ★★★ Total ★★★

Assumption
[əsʌmpʃn]

[n] 추정
Companies can make an assumption about people's reactions by conducting a survey.
회사들은 설문조사를 실행함으로써 사람들의 반응을 추정할 수 있다.

RANK 523

Part 5 ★★★ Part 6 ★★★ Part 7 ★★★★ Total ★★★★

Overtime
[oʊvərtaɪm]

[n] 초과근무, 야근
Companies are legally obliged to pay extra for overtime hours.
회사들은 법적으로 초과근무에 대한 금액을 지불해야만 한다.

RANK 524

Part 5 ★★★ Part 6 ★★★ Part 7 ★★★ Total ★★★

Confidential
[kɑːnfɪdenʃl]

[a] 비밀의, 기밀의
There is limited access to this highly confidential document.
극비의 기밀문서에는 접근이 제한되어 있다.

[a] 신뢰를 받는, 신임하는
I am relieved to have such a confidential teammate in our team.
나는 우리 팀에 그런 신뢰를 받는 동료가 있어서 마음이 놓인다.

RANK 525

Part 5 ★★★ Part 6 ★★★ Part 7 ★★★ Total ★★★

Damage
[dæmɪdʒ]

[v] 손상을 주다, 피해를 주다
The storm severely damaged the building.
폭풍은 심하게 건물에 피해를 주었다.

[n] 손상, 피해
You have to pay for all the damage.
당신은 모든 피해를 배상해야 한다.

RANK 526

Part 5 ★★★ Part 6 ★★★ Part 7 ★★★★ Total ★★★★

Provider
[prəvaɪdə(r)]

[n] 제공자
The providers should deliver the goods in time.
제공자들은 상품을 제시간에 배달해야 된다.

RANK 527

Part 5 ★★★ Part 6 ★★★ Part 7 ★★★ Total ★★★

Certain
[sɜːrtn]

[a] 확신하는
I am certain that this report is errorless.
나는 이 보고서에 오류가 없다고 확신한다.

RANK 528
Part 5 ★★★　Part 6 ★★★　Part 7 ★★★　Total ★★★

Appreciation
[əpriːʃieɪʃn]

[n] 감탄, 감상, 공감, 감사, 가치 상승, 평가
This gift is to show our deep appreciation to your company.
이 선물은 당신의 회사에 대한 우리의 깊은 감사를 보여주기 위한 것이다.

RANK 529
Part 5 ★★★　Part 6 ★★★　Part 7 ★★★★　Total ★★★★

Vital
[vaɪtl]

[a] 필수적인
It is vital for a company to maintain an accurate financial accounting to succeed.
성공하기 위해서 회사가 정확한 재무 회계를 유지하는 것은 필수적이다.

RANK 530
Part 5 ★★★　Part 6 ★★★　Part 7 ★★★　Total ★★★

Account
[əkaʊnt]

[v] 간주하다, 여기다
I account her to be a diligent coworker.
나는 그녀가 부지런한 동료라고 여긴다.

[n] 계좌, 장부, 고객, 설명
You must open a new bank account.
당신은 반드시 새로운 계좌를 개설해야 한다.

홍샘의 포인트 강의
account는 셈(count)이 쌓인다는 의미로 '거래하는 고객과의 장부'라는 의미가 확대되어 '거래를 하고 있는 고객'을 의미합니다.

RANK 531
Part 5 ★★★　Part 6 ★★★　Part 7 ★★★★　Total ★★★★

Subscription
[səbskrɪpʃn]

[n] 구독료, 구독
Many private clinics get discounts for their magazine subscriptions.
많은 개인병원들은 그들의 잡지 구독료를 할인을 받는다.

RANK 532
Part 5 ★★★　Part 6 ★★★　Part 7 ★★★　Total ★★★

Aid
[eɪd]

[v] 돕다
Developed countries around the world aid less developed countries in various ways.
전 세계 선진국들은 다양한 방법으로 덜 발달한 나라들을 돕는다.

RANK 533
Part 5 ★★★　Part 6 ★★★　Part 7 ★★★★　Total ★★★★

Inspector
[ɪnspektə(r)]

[n] 조사관, 감독관
Inspectors from headquarters are coming in today.
본사로부터 나온 조사관이 오늘 올 것이다.

RANK 534
Part 5 ★★★ Part 6 ★★★ Part 7 ★★★ Total ★★★

Attach
[ətæt∫]

[v] 붙이다
Application form is attached to the manual.
신청서는 매뉴얼에 붙어 있다.

RANK 535
Part 5 ★★★ Part 6 ★★★ Part 7 ★★★ Total ★★★

Commence
[kəmens]

[v] 시작하다
The opening ceremony will commence shortly.
개막식이 곧 시작될 것이다.

RANK 536
Part 5 ★★★ Part 6 ★★★ Part 7 ★★★ Total ★★★

Confidentiality
[kɑːnfɪdenʃiæləti]

[n] 비밀, 비밀리
A new password has been set to ensure complete confidentiality.
완전한 비밀을 보장하기 위해서 새로운 암호가 설정되었다.

RANK 537
Part 5 ★★★ Part 6 ★★★ Part 7 ★★★ Total ★★★

Advice
[ədvaɪs]

[n] 조언, 충고
Take my advice because you will regret.
당신은 후회할 것이니 제 충고를 받아들이세요.

RANK 538
Part 5 ★★★ Part 6 ★★★ Part 7 ★★★ Total ★★★

Agreeable
[əgriːəbl]

[a] 기분 좋은, 쾌활한, 기꺼이 응하는
All the employees were agreeable to the manager's decision.
모든 직원들은 상사의 결정에 기꺼이 응했다.

RANK 539
Part 5 ★★★ Part 6 ★★★ Part 7 ★★★ Total ★★★

Desire
[dɪzaɪə(r)]

[n] 욕구, 갈망
It is my desire to live happily ever after.
그 뒤로 쭉 행복하게 사는 것이 나의 갈망이다.

[v] 바라다, 원하다
It is a human instinct to desire a prosperous life.
부유한 인생을 바라는 것은 인간의 본능이다.

RANK 540
Part 5 ★★★ Part 6 ★★★ Part 7 ★★★ Total ★★★

Attire
[ətaɪə(r)]

[n] 의복, 복장
You must pack a set of formal attire to this business trip.
당신은 이번 출장에 반드시 정장을 챙겨야 한다.

RANK 541
Part 5 ★★★ Part 6 ★★★ Part 7 ★★★ Total ★★★

Attract
[ətrækt]

[v] 마음을 끌다, 끌어 모으다
The newly released movie attracted millions of people.
새롭게 개봉된 영화는 수백만의 사람들을 끌어 모았다.

홍샘의 포인트 강의

attract는 '유혹하다'의 의미이지만 토익에서는 '고객으로 만들다'는 의미가 있습니다. 고객으로 만들기 위해서는 제품의 품질로 '유혹'해야겠죠.

또한, 동사 attract는 여러가지 뜻이 있지만, 토익에서는 attract customers란 표현을 써서 보통 고객을 매료시켜서 자기 회사의 고객으로 만드는 것을 의미합니다. 그래서 일반 영어에서는 attractive란 표현이 '매력적인'이라는 뜻으로 보통 아름다운 여자에게 사용하지만, 토익에서는 주로 회사의 제품이나 서비스에 사용합니다. 관광업에 관련된 표현에서도 볼 수 있는데 attract tourists란 표현을 써서 '관광객을 끌어들이다'란 표현으로 씁니다.

RANK 542
Part 5 ★★★ Part 6 ★★★ Part 7 ★★★ Total ★★★

Authorization
[ɔːθərəzeɪʃn]

[n] 허가, 인가
You must obtain the authorization first to enter this room.
이 방에 들어가기 위해서 당신은 반드시 먼저 허가를 받아야 한다.

RANK 543
Part 5 ★★★ Part 6 ★★★ Part 7 ★★★ Total ★★★

Compulsory
[kəmpʌlsəri]

[a] 강제적인, 의무적인, 필수의
Writing a personal statement is a compulsory part of the interview process.
자기소개서를 쓰는 것은 면접과정의 하나의 필수부분이다.

RANK 544
Part 5 ★★★ Part 6 ★★★ Part 7 ★★★ Total ★★★

Commit
[kəmɪt]

[v] 저지르다
After committing a crime, the perpetrator quickly left the scene.
범죄를 저지른 다음, 가해자는 현장을 빨리 떠났다.

RANK 545
Part 5 ★★★ Part 6 ★★★ Part 7 ★★★ Total ★★★

Attention
[ətenʃn]

[n] 주의, 주목
Please pay attention to the speaker.
연설자에게 주목하세요.

RANK 546
Part 5 ★★★ Part 6 ★★★ Part 7 ★★★ Total ★★★

Decrease
[dɪkriːs]

[v] 줄다, 줄이다
Everyone should try to decrease waste.
모두 쓰레기를 줄이려고 노력해야 한다.

RANK 547

Part 5 ★★★ | Part 6 ★★★ | Part 7 ★★★ | Total ★★★

Independence
[ɪndɪpendəns]

[n] 독립
My country is celebrating its 100th Independence Day next year.
우리나라는 다음 해 있을 독립 100주년을 기념할 것이다.

RANK 548

Part 5 ★★★ | Part 6 ★★★ | Part 7 ★★★ | Total ★★★

Cooperate
[koʊɑːpəreɪt]

[v] 협력하다
Sometimes companies strategically cooperate, rather than compete with each other.
가끔 회사들은 서로 경쟁하기보다는 전략적으로 협력한다.

RANK 549

Part 5 ★★★ | Part 6 ★★★ | Part 7 ★★★ | Total ★★★

Collaboratively
[kəlæbəreɪtɪvli]

[ad] 협력적으로, 합작으로
Companies can work collaboratively for a bigger project.
회사들은 보다 큰 프로젝트를 위해서 합작으로 일할 수 있다.

RANK 550

Part 5 ★★★ | Part 6 ★★★ | Part 7 ★★★ | Total ★★★

Above
[əbʌv]

[prep] ~보다 위에
My manager is above me in our company's hierarchical system.
내 관리인은 회사의 계급구조에서 나보다 더 위에 있다.

[ad] 위에
There are five books above the red shelf.
빨간 선반 위에 책 다섯 권이 있다.

[a] (앞에 말한) 위의
Read the above text and answer the following questions.
위의 문단을 읽고 아래의 질문에 답하시오.

RANK 551

Part 5 ★★★ | Part 6 ★★★ | Part 7 ★★★ | Total ★★★

Collect
[kəlekt]

[v] 모으다, 수집하다
I have been collecting stamps for the past ten years.
나는 과거 10년 동안 우표를 모아왔다.

RANK 552

Part 5 ★★★ | Part 6 ★★★ | Part 7 ★★★ | Total ★★★

Browse
[braʊz]

[v] 훑어보다
The boss browsed around the new store on his first visit.
상사는 그의 첫 방문 때 새 지점을 둘러봤다.

RANK 553
Part 5 ★★★ Part 6 ★★★ Part 7 ★★★ Total ★★★

Commitment
[kəmɪtmənt]

[n] 약속, 전념
It is a great commitment to volunteer once every week.
일주일에 한 번 자원봉사를 하는 것은 엄청난 약속이다.

RANK 554
Part 5 ★★★ Part 6 ★★★ Part 7 ★★★ Total ★★★

Dedication
[dedɪkeɪʃn]

[n] 전념, 헌신
The new president made a lengthy speech as a sign of dedication.
새로운 대통령은 헌신의 표시로 긴 연설을 했다.

홍샘의 포인트 강의
dedication, commitment, devotion은 전치사 to를 동반하며 일이나 회사에 대한 '헌신, 몰두, 기여'를 의미합니다. 형용사형 dedicated, committed, devoted는 '헌신적인, 몰두하는'의 의미입니다.

RANK 555
Part 5 ★★★ Part 6 ★★★ Part 7 ★★★ Total ★★★

Divide
[dɪvaɪd]

[v] 나뉘다, 나누다
We are going to divide the trainees into ten groups for their group project.
우리는 그룹 프로젝트를 위해 연수생들을 열 개의 그룹으로 나눌 것이다.

RANK 556
Part 5 ★★★ Part 6 ★★★ Part 7 ★★★ Total ★★★

Content
[kɑːntent]

[n] 내용물
Read over the table of contents in your manual before the meeting starts.
회의 시작 전에 당신의 매뉴얼 안에 있는 목차를 읽으십시오.

RANK 557
Part 5 ★★★ Part 6 ★★★ Part 7 ★★★ Total ★★★

Customized
[kʌstəmaɪzd]

[a] 개개인의 요구에 맞춘
My company recently hired designers to produce customized shirts and it's been a great success so far.
나의 회사는 맞춤 셔츠를 생산하기 위해 최근 디자이너들을 고용했고, 그것은 지금까지 큰 성공을 거두었다.

RANK 558
Part 5 ★★★ Part 6 ★★★ Part 7 ★★★ Total ★★★

Accompany
[əkʌmpəni]

[v] 동반되다, 딸리다
The resume must be accompanied by two forms of identification.
이력서에는 반드시 두 개의 신분증이 첨부되어야 한다.

RANK 559

Part 5 ★★★　Part 6 ★★★　Part 7 ★★★　Total ★★★

Advance
[ədvæns]

[n] 진전, 발전
An advance in his salary made it possible for him to pay off his debt.
그의 봉급상승은 그가 빚을 청산할 수 있게 만들었다.

[v] (지식, 기술 등이) 증진되다
Our company holds workshops on a regular basis to advance workers' skills and proficiency.
우리 회사는 임직원들의 기술과 숙련도 증진을 위하여 정기적으로 연수회를 개최한다.

RANK 560

Part 5 ★★★　Part 6 ★★★　Part 7 ★★★　Total ★★★

Coincidentally
[kouinsidéntli]

[ad] 동시에 발생하는, 일치하게, 동시 발생적으로
Coincidentally, my brother and I bought the same shirt on the same day.
동시에, 남동생과 나는 같은 날에 같은 셔츠를 샀다.

RANK 561

Part 5 ★★★　Part 6 ★★★　Part 7 ★★★　Total ★★★

Detect
[dɪtekt]

[v] 발견하다, 감지하다
Smoke detector must detect fire efficiently.
연기 탐지기는 반드시 불을 효과적으로 감지해야 한다.

RANK 562

Part 5 ★★★　Part 6 ★★★　Part 7 ★★★　Total ★★★

Frequent
[fri:kwənt]

[a] 잦은, 빈번한
Today's meeting was inefficient due to frequent interruptions.
오늘의 회의는 잦은 방해 때문에 비효율적이었다.

RANK 563

Part 5 ★★★　Part 6 ★★★　Part 7 ★★★　Total ★★★

Direction
[dərekʃn]

[n] 방향, 지시, 감독
Hong's report has been extremely helpful in determining the future direction of the company's marketing strategy.
홍의 보고서는 본사 마케팅 전략의 향후 방향을 결정 짓는 데 매우 유용했습니다.

RANK 564

Part 5 ★★★　Part 6 ★★★　Part 7 ★★★　Total ★★★

Eliminate
[ɪlɪmɪneɪt]

[v] 없애다, 제거하다
Due to the budget cut, the company will start eliminating employee benefits package.
예산 삭감 때문에, 회사는 사원의 복리 혜택을 없애기 시작할 것이다.

RANK 565
Part 5 ★★★　Part 6 ★★★　Part 7 ★★★　Total ★★★

Consensus
[kənsensəs]

[n] 의견 일치, 합의
The main goal of today's meeting is to reach a consensus on this critical issue.
오늘 회의의 주된 목적은 이 중요한 문제에 있어 합의에 도달하는 것이다.

RANK 566
Part 5 ★★★　Part 6 ★★★　Part 7 ★★★　Total ★★★

Delegate
[delɪgət]

[n] 대리인, 사절, 대표
The president of the company sent three delegates to China on behalf of him.
회사 사장은 그를 대표하여 대표자 세 명을 중국에 보냈다.

RANK 567
Part 5 ★★★　Part 6 ★★★　Part 7 ★★★　Total ★★★

Dispute
[dɪspju:t]

[n] 분쟁
The formal meeting turned into a big dispute.
공식 회의는 큰 분쟁으로 발전했다.

RANK 568
Part 5 ★★★　Part 6 ★★★　Part 7 ★★★　Total ★★★

Capacity
[kəpæsəti]

[n] 용량, 수용력
This train has a seating capacity of 1700 passengers.
이 기차는 1700명의 승객을 수용할 수 있다.

RANK 569
Part 5 ★★★　Part 6 ★★★　Part 7 ★★★　Total ★★★

Achieve
[ətʃi:v]

[v] 달성하다, 성취하다
He works diligently to achieve his goals.
그는 자신의 목표를 이룩하기 위하여 근면히 일한다.

RANK 570
Part 5 ★★★　Part 6 ★★★　Part 7 ★★★　Total ★★★

Identify
[aɪdentɪfaɪ]

[v] 확인하다, 알아보다
Identify the problem and come up with a solution.
문제를 확인하고 해결을 찾아내시오.

RANK 571
Part 5 ★★★　Part 6 ★★★　Part 7 ★★★　Total ★★★

Dish
[dɪʃ]

[n] 요리
Fried duck is the chef's best dish.
튀긴 오리는 주방장의 최고의 요리이다.

RANK 572
Part 5 ★★★ Part 6 ★★★ Part 7 ★★★ Total ★★★

Council
[kaʊnsl]

[n] 의회, 자문 위원회
Working as a part of the council comes with a lot of responsibility.
자문위원회의 일원으로 일한다는 건 많은 책임이 따른다.

RANK 573
Part 5 ★★★ Part 6 ★★★ Part 7 ★★★ Total ★★★

Purpose
[pɜ:rpəs]

[n] 목적
The purpose of this project is to test teammate's abilities.
이 프로젝트의 목적은 팀 동료의 능력을 시험해 보기 위한 것이다.

> **홍샘의 포인트 강의**
> purpose, mission, aim, objective는 모두 비슷한 의미로 '의무, 목적'이란 뜻이며 뒤에 to부정사가 나오는 특징이 있습니다.

RANK 574
Part 5 ★★★ Part 6 ★★★ Part 7 ★★★ Total ★★★

Evaluate
[ɪvæljueɪt]

[v] 평가하다, 감정하다
The quality of all products in the store will be evaluated on the 1st of every month.
상점 안에 있는 모든 제품의 품질은 매달 1일에 평가될 것이다.

RANK 575
Part 5 ★★★ Part 6 ★★★ Part 7 ★★★ Total ★★★

Expand
[ɪkspænd]

[v] 확대되다, 확대 시키다
The boss is hoping to expand the size of his biggest store by next year.
상사는 내년까지 그의 가장 큰 점포의 규모를 확대시키고 싶어 한다.

[v] (사업)확장되다, 확장시키다
He wants to expand his company to one of the biggest companies representing the country.
그는 자신의 회사가 나라를 대표하는 가장 큰 회사 중 하나로 확장되기를 원한다.

RANK 576
Part 5 ★★ Part 6 ★★★ Part 7 ★★★★ Total ★★★

Attachment
[ətætʃmənt]

[n] 애착, 믿음, 부착, 첨부 파일
Please check the attachment below to see the details.
세부사항을 보기 위해서 아래에 있는 첨부 파일을 확인하시기 바랍니다.

RANK 577
Part 5 ★★★ Part 6 ★★★ Part 7 ★★★ Total ★★★

Expertise
[eksp3:rti:z]

[n] 전문 지식
Please contact me if you need the expertise to run your business.
만약 당신이 사업운영을 위한 전문 지식이 필요하다면, 저에게 연락 주십시오.

RANK 578

Part 5 ★★★ | Part 6 ★★★ | Part 7 ★★★ | Total ★★★

Designate
[dezɪgneɪt]

[v] 지정하다, 지적하다
The president designated a park close to my hometown as a new national park.
대통령은 나의 고향 근처에 있는 공원을 새로운 국립공원으로 지정했다.

RANK 579

Part 5 ★★★ | Part 6 ★★★ | Part 7 ★★★ | Total ★★★

Capable A
[keɪpəbl]

[a] (능력, 특질상) ~을 할 수 있는
I am capable of communicating with my coworkers effectively.
나는 나의 동료들과 효율적으로 의사소통을 할 수 있다.

RANK 580

Part 5 ★★★ | Part 6 ★★★ | Part 7 ★★★ | Total ★★★

Challenge
[tʃæləndʒ]

[n] 도전, 과제
You will face an infinite number of challenges in your life.
당신은 당신의 인생에서 무수한 도전에 직면할 것이다.

RANK 581

Part 5 ★★★ | Part 6 ★★★ | Part 7 ★★★ | Total ★★★

Confidence
[kɑ:nfɪdəns]

[n] 신뢰
Mr. Chin presented his new findings with confidence.
Mr. Chin은 확신을 갖고 그의 새로운 연구 결과들을 발표하였다.

RANK 582

Part 5 ★★★ | Part 6 ★★★ | Part 7 ★★★ | Total ★★★

Constantly
[kɑ:nstəntli]

[ad] 끊임없이, 거듭
Our sales figures have constantly decreased since July.
우리의 판매수치는 7월 이후로 꾸준히 하락해 왔다.

RANK 583

Part 5 ★★★ | Part 6 ★★★ | Part 7 ★★★ | Total ★★★

Discourage
[dɪskɜ:rɪdʒ]

[v] 의욕을 꺾다, ~의 용기[희망, 자신]를 잃게 하다
Using harsh words and discouraging fellow teammates will not help to create a positive atmosphere at your group meetings.
거친 단어의 사용과 동료 팀 멤버의 의욕을 저하시키는 것은 당신의 그룹회의에서 긍정적 분위기를 조성하는데 도움이 되지 않을 것이다.

RANK 584

Part 5 ★★★ Part 6 ★★★ Part 7 ★★★ Total ★★★

Constant
[kɑːnstənt]

[a] 끊임없는, 거듭되는
I was completely exhausted due to a constant stream of visitors all day.
하루 종일 끊임없이 이어지는 방문객들 때문에 나는 완전히 녹초가 되었다.

RANK 585

Part 5 ★★★ Part 6 ★★★ Part 7 ★★★ Total ★★★

Compromise
[kɑːmprəmaɪz]

[n] 타협
Today's meeting was quite successful since both parties reached a satisfying compromise.
오늘의 회의는 두 당이 만족할만한 타협에 이르렀기에 꽤 성공적이었다.

[v] 타협하다, 절충하다
Due to the customers' complaints, the store owner compromised the prices at his restaurant.
고객 불만으로 인해 점포 주인은 식당 가격을 절충했다.

RANK 586

Part 5 ★★★ Part 6 ★★★ Part 7 ★★★ Total ★★★

Cooperative
[koʊɑːpərətɪv]

[a] 협력하는
This cooperative project requires teammates to work together.
이 협력하는 프로젝트는 같이 일할 팀 동료들을 필요로 한다.

RANK 587

Part 5 ★★★ Part 6 ★★★ Part 7 ★★★ Total ★★★

Defect
[diːfekt]

[n] 결함, 결점
Missing a team member would turn out to be a big defect in completing this project.
팀의 일원을 잃은 것은 이 프로젝트를 완성하는 데 매우 큰 결점으로 나타날 것이다.

RANK 588

Part 5 ★★★ Part 6 ★★★ Part 7 ★★★ Total ★★★

Dispose of
[dɪspoʊz] [ʌv]

[v] ~을 처리하다
There are appropriate ways to dispose of the trash.
쓰레기들을 처리하기 위한 적당한 방법들이 있다.

RANK 589

Part 5 ★★★ Part 6 ★★★ Part 7 ★★★ Total ★★★

Comply with
[kəmplaɪ] [wɪð]

[v] 순응하다, 지키다, 준수하다
We are very strict about our rules so please comply with them.
우리는 규칙에 엄격하므로 반드시 준수해주시기 바랍니다.

RANK 590

Part 5	Part 6	Part 7	Total
★★★	★★★	★★★	★★★

Demonstrate
[demənstreɪt]

[v] 보여주다, 입증하다
The trainer will first demonstrate how trainees should complete the form.
연습생이 서류를 어떻게 작성하는 지를 트레이너가 먼저 보여줄 것이다.

RANK 591

Part 5	Part 6	Part 7	Total
★★★	★★★	★★★	★★★

Major
[meɪdʒə(r)]

[a] 주요한, 중대한
We cannot move on to other topics until we find a solution to this major issue.
이 중대한 문제에 대한 해결책을 찾을 때까지 우리는 다른 주제로 넘어갈 수 없다.

RANK 592

Part 5	Part 6	Part 7	Total
★★★	★★★	★★★	★★★

Effect
[ɪfekt]

[n] 영향, 결과, 효과
What are the effects of exercise?
그 운동의 효과는 무엇입니까?

[v] (결과를) 가져오다
How would exercise effect your body?
운동은 당신의 신체에 어떤 영향을 가져옵니까?

홍쌤의 포인트 강의

effect는 어떤 계획이 효과적이거나 약품이 효력이 있을 때 쓰거나 정책이나 법령이 시행되어 실제 적용됨을 의미합니다.

RANK 593

Part 5	Part 6	Part 7	Total
★★★	★★★	★★★	★★★

In general
[ɪn] [dʒenrəl]

[ad] 보통, 일반적으로
Customers in general prefer polite staff.
고객들은 일반적으로 예의 바른 직원들을 선호한다.

RANK 594

Part 5	Part 6	Part 7	Total
★★★	★★★	★★★	★★★

Compensate
[kɑːmpenseɪt]

[v] 보상하다
The sales manager will compensate her team members for their hard work.
판매부장은 그녀의 팀원들에게 그들이 열심히 일한 것에 대해 보상을 할 것이다.

RANK 595

Part 5	Part 6	Part 7	Total
★★★	★★★	★★★	★★★

Deliver
[dɪlɪvə(r)]

[v] 배달하다, 말하다, ~을 산출하다
The letters will be delivered today.
그 편지들은 오늘 배달될 것입니다.

RANK 596

Part 5	Part 6	Part 7	Total
★★★	★★★	★★★	★★★

Electronically
[ɪlektrɒnɪkli]

[ad] 컴퓨터로
The application can be submitted electronically.
지원서는 컴퓨터로 제출 가능합니다.

RANK 597
Part 5 ★★★ Part 6 ★★★ Part 7 ★★★ Total ★★★

Conclusion
[kənkluːʒn]

[n] 결론, 판단
The conclusion of today's meeting is to plan within the company's budget.
오늘 회의의 결론은 회사의 예산 내에서 계획하는 것 입니다.

[n] 결말
It's always ideal of having a short and clear conclusion at the end of the speech.
강연의 마지막에서 짧고 명료한 결말은 언제나 이상적이다.

[n] 체결
Both companies were pleased with the conclusion of their long negotiation.
두 회사는 그들의 오랜 협상의 체결에 기뻐했다.

RANK 598
Part 5 ★★★ Part 6 ★★★ Part 7 ★★★ Total ★★★

Convenient
[kənviːniənt]

[a] 편리한
The store's new location is very convenient since it is close to my workplace.
그 가게의 새로운 위치가 저의 직장에서 가깝기 때문에 매우 편리합니다.

[a] 가까운
Meeting at the midpoint is convenient for both parties.
중간지점에서 만나는 것은 두 단체에게 모두 가깝다.

RANK 599
Part 5 ★★★ Part 6 ★★★ Part 7 ★★★ Total ★★★

Consecutive
[kənsekjətɪv]

[a] 연이은
The company has not been doing well for three consecutive years.
회사는 연이은 3년 동안 잘하지 못해왔습니다.

RANK 600
Part 5 ★★★ Part 6 ★★★ Part 7 ★★★ Total ★★★

Interrupt
[ɪntərʌpt]

[v] 방해하다, 중단시키다
I am so sorry to interrupt your lecture, but can I ask a question?
당신의 강연을 방해하는 것에 정말 죄송하지만, 질문 하나만 할 수 있을까요?

RANK 601
Part 5 ★★★ Part 6 ★★★ Part 7 ★★★ Total ★★★

Emergency
[imɜːrdʒənsi]

[n] 비상, 비상사태
Immediate responses are required in an emergency situation.
비상사태 상황에서는 즉각적인 응답이 요구된다.

RANK 602
Part 5 ★★★ Part 6 ★★★ Part 7 ★★★ Total ★★★

Eligible
[elɪdʒəbl]

[a] 적임의, 적당한
He is eligible to apply for the job.
그는 그 일에 지원할 자격이 있다.

RANK 603
Part 5 ★★★ Part 6 ★★★ Part 7 ★★★ Total ★★★

Pollution [pəluːʃn]

[n] 오염, 공해
Pollution is one of the causes of global warming.
오염은 지구 온난화의 원인 중의 하나입니다.

RANK 604
Part 5 ★★★ Part 6 ★★★ Part 7 ★★★ Total ★★★

Confirmation [kɑːnfərmeɪʃn]

[n] 확인
Please wait for the confirmation from the manager.
담당자로부터 확인을 위해 기다려주세요.

RANK 605
Part 5 ★★★ Part 6 ★★★ Part 7 ★★★ Total ★★★

Formerly [fɔːrmərli]

[ad] 이전에, 예전에
She was formerly a professor at the Harvard University.
그녀는 이전에 하버드 대학교에서 교수였다.

RANK 606
Part 5 ★★★ Part 6 ★★★ Part 7 ★★★ Total ★★★

Pleasing [pliːzɪŋ]

[a] 즐거운, 기분 좋은, 만족스러운
The dinner was expensive but I was more than pleased with it.
저녁은 비쌌지만 그 이상으로 즐거웠습니다.

RANK 607
Part 5 ★★★ Part 6 ★★★ Part 7 ★★★ Total ★★★

Necessarily [nesəserəli]

[ad] 어쩔 수 없이
It is not necessarily required for everyone to take all courses offered. You can choose.
모든 사람들이 제공된 전 과정을 이수해야 할 필요는 없습니다. 당신은 선택할 수 있습니다.

RANK 608
Part 5 ★★★ Part 6 ★★★ Part 7 ★★★ Total ★★★

Negotiation [nɪgoʊʃieɪʃn]

[n] 협상, 교섭, 절충, 협의
The negotiation has been failed to reach a compromise.
협상은 타협에 이르는 것에 실패했다.

RANK 609
Part 5 ★★★ Part 6 ★★★ Part 7 ★★★ Total ★★★

Contributing [kəntrɪbjuːt]

[a] 기여하는, 부추기는, 도움이 되는
Wasting energy is a major contributing factor to the Earth's rising temperature.
에너지를 낭비하는 것은 지구의 온도가 증가하는 것에 가장 주요하게 부추기는 요소이다.

RANK 610

Part 5 ★★★ Part 6 ★★★ Part 7 ★★★ Total ★★★

Interest
[ɪntrəst]

[n] 관심, 흥미, 호기심, 이익
He definitely had an interest in her. I saw him asking her out for dinner.
그는 분명히 그녀에게 관심이 있었다. 나는 그가 저녁식사를 같이 하자고 그녀에게 묻는 것을 보았다.

[v] 주의를 끌다, 관심을 끌게 하다
He tried to gain her interest by dressing up and asking her out for dinner.
그는 격식 있게 차려입고 그녀에게 저녁식사를 같이 하자고 데이트 신청을 함으로써 관심을 끌려고 노력했다.

홍샘의 포인트 강의

감정을 나타내는 기출 어휘들로는 interest(관심), concern(우려), disappointment(실망), amazement(경이로움) 등이 있습니다. Express는 토익에서 주로 '감정'을 표현하는 동사입니다.

RANK 611

Part 5 ★★★ Part 6 ★★★ Part 7 ★★★ Total ★★★

Quick
[kwɪk]

[a] 빠른, 신속한
This is an emergency situation and we need a quick solution.
이것은 위급한 상황이고, 우리는 빠른 해결책이 필요합니다.

[ad] 빨리
My English skill improved relatively quickly.
내 영어 실력은 비교적 빨리 늘었다.

RANK 612

Part 5 ★★★ Part 6 ★★★ Part 7 ★★★ Total ★★★

Share
[ʃer]

[v] 함께 쓰다, 공유하다
Sharing office supplies is a common sense in office.
사무용품을 공유하는 것은 회사에서 상식이다.

[v] (작업) 함께 하다, (책임) 함께 지다
Let's share the work so that we can finish this on time.
정시에 일을 끝내기 위해서 일을 함께 합시다.

[n] 몫, 지분
Conducting a market research and writing a short report on it is your share.
시장조사를 진행하는 것과 짧은 보고서를 쓰는 것은 당신의 몫이다.

RANK 613

Part 5 ★★★ Part 6 ★★★ Part 7 ★★★ Total ★★★

Easily
[iːzəli]

[ad] 쉽게, 수월하게, 용이하게
I can solve this problem easily.
나는 이 문제를 쉽게 해결할 수 있습니다.

RANK 614

Part 5 ★★★ Part 6 ★★★ Part 7 ★★★ Total ★★★

Enable
[ɪneɪbl]

[v] ~을 할 수 있게 하다
The teacher enables students to reach their potential.
그 선생님은 학생들이 그들의 잠재력에 도달할 수 있도록 해준다.

RANK 615
Part 5 ★★ Part 6 ★★★ Part 7 ★★★★ Total ★★★

Continental
[kɑ:ntɪnentl]

[a] 유럽식의, 대륙풍의
The majority of our guests are Europeans. So, I think it's best for us to prepare continental breakfast and lunch.
우리 손님의 대다수는 유럽 사람들입니다. 그래서 저는 유럽식의 아침과 점심을 준비하는 것이 최선이라고 생각합니다.

RANK 616
Part 5 ★★★ Part 6 ★★★ Part 7 ★★★ Total ★★★

Collaborative
[kəlǽbəreɪtɪv]

[a] 공동의
This collaborative project will mark a new start.
이 공동 프로젝트는 새로운 시작을 보여주는 전조일 것이다.

RANK 617
Part 5 ★★★ Part 6 ★★★ Part 7 ★★★ Total ★★★

Encouraging
[ɪnkə́:ridʒɪŋ]

[a] 격려의, 힘을 북돋아 주는, 유망한
His encouraging words made me feel better.
그의 격려의 말들은 나를 더 기분 좋게 만들었습니다.

RANK 618
Part 5 ★★★ Part 6 ★★★ Part 7 ★★★ Total ★★★

Excellent
[eksələnt]

[a] 훌륭한, 탁월한
This is an excellent report! Your manager will be highly impressed.
이것은 훌륭한 보고서입니다. 당신의 부장님께서 매우 감명을 받을 것입니다.

RANK 619
Part 5 ★★★ Part 6 ★★★ Part 7 ★★★ Total ★★★

Eager
[i:gə(r)]

[a] 열망하는
She was eager to finish the project in time.
그녀는 프로젝트를 제때 끝내기를 열망한다.

RANK 620
Part 5 ★★★ Part 6 ★★★ Part 7 ★★★ Total ★★★

Initial
[ɪnɪʃl]

[a] 처음의, 초기의
We are at the initial stage of the new project.
우리는 이 새로운 프로젝트의 초기 단계에 있다.

RANK 621
Part 5 ★★★ Part 6 ★★★ Part 7 ★★★ Total ★★★

Easy
[i:zi]

[a] 쉬운, 수월한, 용이한, 편안한, 안락한
It's easy to judge a book by its cover.
겉표지에 의해 책을 판단하기 쉽습니다.

RANK 622

Part 5 ★★★　Part 6 ★★★　Part 7 ★★★　Total ★★★

Request
[rɪkwest]

[v] 요청하다
I requested to submit her proposal by the end of the month for approval.
나는 승인을 위해 그녀의 제안서를 이번 달 말까지 제출하라고 요청했다.

[n] 요청, 요구
Can I make a request to make a reservation for three nights next week?
제가 다음 주 삼일 밤 예약하는 걸 부탁 드려도 될까요?

RANK 623

Part 5 ★★★　Part 6 ★★★　Part 7 ★★★　Total ★★★

Immediate
[ɪmiːdiət]

[a] 즉각적인
Please send me an immediate response as soon as possible.
가능한 빨리 저에게 신속한 답변을 보내주세요.

[a] 당면한
There are always few doctors on stand by in the emergency room for patients in immediate danger.
위험에 직면한 환자들을 위해 응급실에는 언제나 몇 명의 의사들이 있습니다.

[a] (시간적, 공간적으로) 아주 가까이에 있는
There was a big crowd in the immediate vicinity of the stadium.
경기장의 아주 가까운 부근에 많은 군중들이 있었다.

[a] 직속의
Because the bride didn't want a fancy wedding, she only invited her immediate family members.
신부가 화려한 웨딩을 원치 않았기 때문에, 그녀는 직계가족만 초대했습니다.

[a] 직접적인
Poisonous chemicals will have immediate effects on humans.
독성 화학물질은 인간에게 직접적인 영향을 미칠 것입니다.

RANK 624

Part 5 ★★★　Part 6 ★★★　Part 7 ★★★　Total ★★★

Leading
[liːdɪŋ]

[a] 가장 중요한, 선두적인
Mr. Chang has been one of the leading businessmen in Korea in the last decade.
Mr. Chang은 지난 10년간 한국에서 가장 중요한 사업가 중 한 명이었습니다.

RANK 625

Part 5 ★★★　Part 6 ★★★　Part 7 ★★★　Total ★★★

Directory
[dərektəri]

[n] 안내 책자
If it's your first time at the mall, I suggest you check out the store directory first.
만약 이 시장에 처음 왔다면 저는 당신에게 먼저 시장의 안내책자를 확인할 것을 제안합니다.

RANK 626

Part 5 ★★★ Part 6 ★★★ Part 7 ★★★ Total ★★★

Crowded
[kraʊdɪd]

[a] 붐비는, 복잡한
Myeongdong is always crowded with foreigners.
명동은 항상 외국인들로 붐빈다.

RANK 627

Part 5 ★★★ Part 6 ★★★ Part 7 ★★★ Total ★★★

Prepared
[prɪperd]

[a] 준비된
That girl in thick sweater looks prepared for hiking on a snowy day.
두꺼운 스웨터를 입은 저 여성은 눈 내리는 날에 하이킹을 준비한 것처럼 보인다.

RANK 628

Part 5 ★★★ Part 6 ★★★ Part 7 ★★★ Total ★★★

Transmit
[trænsmɪt]

[v] 전송하다, 송신하다
I will transmit the receipt to you through email.
저는 이메일로 당신에게 영수증을 전송할 것입니다.

RANK 629

Part 5 ★★★ Part 6 ★★★ Part 7 ★★★ Total ★★★

Depend on A
[dɪpénd] [ɑ]

[v] A를 신뢰하다, A에 달려 있다
Your salary depends on your sales record.
당신의 월급은 판매기록에 달려있습니다.

RANK 630

Part 5 ★★★ Part 6 ★★★ Part 7 ★★★ Total ★★★

Relation
[rɪleɪʃn]

[n] 관계
Today's lecture is in relation to the last week's lecture. So, the material won't be too difficult.
오늘의 강연은 지난주의 강연과 관련이 있습니다. 따라서 그 내용들은 너무 어렵지 않을 것입니다.

RANK 631

Part 5 ★★★ Part 6 ★★★ Part 7 ★★★ Total ★★★

Lean against
[liːn] [əgenst]

[v] ~에 비우호적이다, 반대하다
I lean against that suggestion.
저는 그 제안에 반대합니다.

[v] ~에 기대다
Don't lean against the door.
문에 기대지 마시오.

RANK 632

Part 5 ★★★ Part 6 ★★★ Part 7 ★★★ Total ★★★

Participation
[pɑːrtɪsɪpeɪʃn]

[n] 참가, 참여
Participation in extracurricular activities can help students pay attention to their studies.
특별활동 참여는 학생들이 그들의 공부에 집중하도록 도와줄 수 있다.

RANK 633
Part 5 ★★★ Part 6 ★★★ Part 7 ★★★ Total ★★★

Result in A
[rɪzʌlt] [ɪn]

[v] 그 결과 A가 되다
Big investments will most likely result in a big growth.
큰 투자들이 아마도 큰 성장을 이룩할 것입니다.

홍샘의 포인트 강의
result in은 '~를 초래하다'이고 result from은 '~로부터 기인하다'입니다.

RANK 634
Part 5 ★★★ Part 6 ★★★ Part 7 ★★★ Total ★★★

Prospective
[prəspektɪv]

[a] 장래의, 유망한
To be a prospective employee of your company, I have been keeping myself up to date with your company news.
당신의 회사의 유망한 직원이 되기 위해, 저는 오늘날까지 당신 회사의 소식을 접해왔다.

RANK 635
Part 5 ★★★ Part 6 ★★★ Part 7 ★★★ Total ★★★

Specifically
[spəsɪfɪkli]

[ad] 분명히, 명확하게, 특별히
I am sorry but I don't think we can refund this item as the refund policy is specifically written at the back of the receipt.
영수증 뒤편에 환불정책이 명백히 작성되어있기 때문에 우리들은 이 상품을 환불해 드릴 수 없습니다.

RANK 636
Part 5 ★★★ Part 6 ★★★ Part 7 ★★★ Total ★★★

Incur
[ɪnk3:(r)]

[v] 초래하다, 처하게 되다, 발생시키다
With so many loan, you will have no choice but to incur bankruptcy.
많은 대출로 인해, 당신은 파산을 하는 것 외에는 선택이 없다.

RANK 637
Part 5 ★★★ Part 6 ★★★ Part 7 ★★★ Total ★★★

Steadily
[stédili]

[ad] 착실하게, 꾸준히
The company has been growing steadily.
그 회사는 꾸준히 성장해왔습니다.

RANK 638
Part 5 ★★★ Part 6 ★★★ Part 7 ★★★ Total ★★★

Extension
[ɪkstenʃn]

[n] 확대, 연장
I want to apply for a student visa extension.
저는 유학 비자 연장을 신청하고 싶습니다.

RANK 639
Part 5 ★★★ Part 6 ★★★ Part 7 ★★★ Total ★★★

Excessive
[ɪksesɪv]

[a] 지나친, 과도한
Excessive drinking can damage your lungs.
지나친 음주는 당신의 폐에 해가 될 수 있습니다.

RANK 640

Part 5 ★★★ Part 6 ★★★ Part 7 ★★★ Total ★★★

Suggestion
[sədʒestʃən]

[n] 제안, 제의, 의견
She agreed with my suggestion to make a reservation for tonight's dinner as restaurants can get busy on weekends.
그녀는 식당들이 주말에는 바빠질 수 있기 때문에 오늘 밤 저녁 식사를 예약 하자는 나의 제안에 동의했다.

RANK 641

Part 5 ★★★ Part 6 ★★★ Part 7 ★★★ Total ★★★

Caution
[kɔːʃn]

[n] 조심, 주의, 경고
This box should be treated with caution.
이 박스는 조심해서 다뤄야 합니다.

RANK 642

Part 5 ★★★ Part 6 ★★★ Part 7 ★★★ Total ★★★

Related
[rɪleɪtɪd]

[a] ~에 관련된
Do not mention the current problems related to our new product line during the meeting.
회의 동안 우리들의 새로운 상품라인에 관련된 최근 문제들을 언급하지 마세요.

RANK 643

Part 5 ★★★ Part 6 ★★★ Part 7 ★★★ Total ★★★

Prior
[praɪə(r)]

[a] 사전의
Let's have a group meeting to go over our points prior to the debate!
토론 전에 우리의 요점을 검토하기 위한 그룹미팅을 갖자!

RANK 644

Part 5 ★★★ Part 6 ★★★ Part 7 ★★★ Total ★★★

In excess of
[ɪn] [ɪkses] [ʌv]

[유사prep] ~을 초과하여
The new products that were delivered yesterday are in excess of the amount we actually need.
어제 배송된 새로운 제품은 우리가 실제로 필요한 양을 초과하였다.

RANK 645

Part 5 ★★★ Part 6 ★★★ Part 7 ★★★ Total ★★★

Routinely
[ruːtíːnli]

[ad] 일상적으로
The director of personnel will routinely conduct a survey on the preference of our products.
인사 부장은 우리 상품의 선호도에 대해 정기적으로 설문조사를 할 것이다.

RANK 646
Part 5 ★★★ Part 6 ★★★ Part 7 ★★★ Total ★★★

Domestic
[dəmestɪk]

[a] 국내의
Domestic flights are usually cheaper than international flights.
국내선 항공편들은 국제선 항공편들보다 일반적으로 저렴하다.

RANK 647
Part 5 ★★★ Part 6 ★★★ Part 7 ★★★ Total ★★★

Wash
[wɑːʃ]

[v] 씻다
Wash your face before you go to bed.
잠자기 전에 얼굴을 씻으세요.

RANK 648
Part 5 ★★★ Part 6 ★★★ Part 7 ★★★ Total ★★★

Important
[ɪmpɔːrtnt]

[a] 중요한
It is important for you to read the manual.
당신이 설명서를 읽는 것은 중요하다.

RANK 649
Part 5 ★★★ Part 6 ★★★ Part 7 ★★★ Total ★★★

Informed
[ɪnfɔːrmd]

[a] 잘 아는, 정보통인
The secretary is always informed about the company's latest news.
비서는 회사의 최신 소식에 관하여 잘 안다.

RANK 650
Part 5 ★★★ Part 6 ★★★ Part 7 ★★★ Total ★★★

Resolve
[rɪzɑːlv]

[v] 해결하다
A manager had to resolve a conflict between two staff before the presentation begins.
발표가 시작하기 전에 매니저는 두 직원의 갈등을 해결해야 했다.

RANK 651
Part 5 ★★★ Part 6 ★★★ Part 7 ★★★ Total ★★★

Growth
[groʊθ]

[n] (사람, 동식물) 성장
This week's science homework is to measure the plant's growth on a daily basis.
이번 주 과학숙제는 하루하루마다 식물의 성장을 측정하는 것이다.

[n] (크기, 양, 정도) 증가
China has been experiencing rapid population growth.
중국은 빠른 인구증가를 겪고 있다.

[n] (경제) 성장
Korea has gone through a major economic growth since the end of Korean War.
한국은 한국전쟁의 종료 이후로 커다란 경제성장을 겪어왔다.

RANK 652
Part 5 ★★★ Part 6 ★★★ Part 7 ★★★ Total ★★★

Economic
[iːkənɑːmɪk]

[a] 경제의
The country is experiencing a serious economic downfall.
그 나라는 심각한 경제 몰락을 겪고 있는 중입니다.

RANK 653
Part 5 ★★★ Part 6 ★★★ Part 7 ★★★ Total ★★★

Intensively
[inténsivli]

[ad] 집중적으로
In order to speak any foreign language fluently, you must study it intensively.
어떠한 외국 언어를 유창하게 말하기 위해, 당신은 그것을 집중적으로 공부해야만 합니다.

RANK 654
Part 5 ★★★ Part 6 ★★★ Part 7 ★★★ Total ★★★

Reliant
[rɪlaɪənt]

[a] 의존하는
Fred is too reliant on his coworkers.
Fred는 그의 동료에게 너무 의존한다.

RANK 655
Part 5 ★★★ Part 6 ★★★ Part 7 ★★ Total ★★★

Accurate
[ækjərət]

[a] 정확한, 정밀한
Dr. Kim is well known for his accurate diagnosis.
Dr. Kim은 정확한 진단으로 유명합니다.

RANK 656
Part 5 ★★★ Part 6 ★★★ Part 7 ★★★ Total ★★★

Exciting
[ɪksaɪtɪŋ]

[a] 신나는, 흥미진진한, 흥분하게 하는
I really want to try something exciting.
나는 정말로 신나는 무언가를 시도해 보는 걸 원한다.

RANK 657
Part 5 ★★★ Part 6 ★★★ Part 7 ★★★ Total ★★★

Dietary
[dáiətèri]

[a] 음식물의, 식이요법의
Please let me know if you have any special dietary restrictions.
만약 당신이 특별한 식단의 제한을 갖고 있다면 저에게 알려 주시기 바랍니다.

RANK 658
Part 5 ★★★ Part 6 ★★★ Part 7 ★★★ Total ★★★

Recognized
[rékəgnàizd]

[a] 인정된, 알려진
Ms. Bennet is a well-recognized expert on marketing.
Mr. Bennet은 잘 알려진 마케팅에 대한 전문가다.

RANK 659
Part 5 ★★★ Part 6 ★★★ Part 7 ★★★ Total ★★★

Lead
[liːd]

[v] 안내하다, 이끌다
The tour guide is leading the way.
여행가이드는 길을 안내하는 중입니다.

RANK 660

Part 5 ★★★　Part 6 ★★★　Part 7 ★★★　Total ★★★

Unable
[ʌneɪbl]

[a] ~할 수 없는, ~하지 못하는
He was unable to finish the test because he ran out of time.
그는 시간이 없어서 시험을 끝낼 수 없었다.

RANK 661

Part 5 ★★★　Part 6 ★★★　Part 7 ★★★　Total ★★★

Object
[ɑːbdʒekt] [əbdʒekt]

[n] 물건, 목표
How are your new glasses? Can you see that object clearly?
새 안경 어때요? 저 물체가 잘 보이세요?

[v] 반대하다
I object to your propositions which are unreasonable.
저는 당신의 불합리적인 제안에 반대합니다.

> **홍샘의 포인트 강의**
>
> object는 '반대하다'란 의미의 자동사로 목적어를 바로 취하지 않고 전치사 to를 동반합니다.

RANK 662

Part 5 ★★★　Part 6 ★★★　Part 7 ★★★　Total ★★★

Proficiency
[prəfɪʃənsi]

[n] 숙달, 능란
How can we test his English proficiency at the interview?
우리가 면접에서 어떻게 그의 영어 능력을 테스트할 수 있죠?

RANK 663

Part 5 ★★★　Part 6 ★★★　Part 7 ★★★　Total ★★★

Period
[pɪriəd]

[n] 기간, 시기
The goal of this exercise is to answer as many questions as possible in a short period of time.
이 활동의 목표는 짧은 기간 동안 가능한 많은 질문에 대답하는 것입니다.

RANK 664

Part 5 ★★★　Part 6 ★★★　Part 7 ★★★　Total ★★★

Revise
[rɪvaɪz]

[V] 변경하다, 개정하다, 복습하다
Please revise the financial report and submit it again next week.
재무 보고서를 수정하시고 다음 주에 다시 제출하세요.

RANK 665

Part 5 ★★★　Part 6 ★★★　Part 7 ★★★　Total ★★★

Prompt
[prɑːmpt]

[a] 즉각적인, 신속한
We need a prompt approval from the board of directors in order to have guest speakers from other companies.
다른 회사로부터 초청연사들을 데려오기 위해 우리는 이사회의 신속한 승인이 필요합니다.

[v] 촉발하다, 유도하다
Teachers should prompt students to think more critically.
선생님들은 학생들이 더 비평적으로 생각하도록 유도해야 한다.

RANK 666

Part 5 ★★★ Part 6 ★★★ Part 7 ★★★ Total ★★★

Prescribe
[prɪskraɪb]

[v] ~을 규정하다, ~을 명령하다
We have no control over our overtime policy which has been prescribed by the government.
우리는 정부에 의해서 규정된 시간 외 근무방침을 통제하지 못한다.

RANK 667

Part 5 ★★★ Part 6 ★★★ Part 7 ★★★ Total ★★★

Intensive
[ɪntensɪv]

[a] 집중적인
Hopefully his English skills will be better after the two weeks of intensive program in Canada.
바라건대 그의 영어능력은 캐나다에서 2주의 집중적인 프로그램 후에 더 좋아질 것입니다.

RANK 668

Part 5 ★★★ Part 6 ★★★ Part 7 ★★★ Total ★★★

Rest
[rest]

[n] 나머지
You can leave the workplace after finishing the rest of the works.
당신은 남은 일을 끝낸 후 작업장을 떠날 수 있다.

[n] 휴식, 수면
If you're not feeling well, you should take a rest.
만약 당신이 몸이 좋지 않다는 걸 느낀다면, 쉬어야 한다.

RANK 669

Part 5 ★★★ Part 6 ★★★ Part 7 ★★★ Total ★★★

Objective
[əbdʒektɪv]

[n] 목적, 목표
The objective of this marathon is to raise awareness about lung cancer.
이 마라톤의 목표는 폐암에 관한 인식을 높이기 위한 것입니다.

RANK 670

Part 5 ★★★ Part 6 ★★★ Part 7 ★★★ Total ★★★

Auction
[ɔːkʃn]

[n] 경매
All profit raised through this auction will be donated to a charity.
이 경매를 통해 거두어진 모든 수익은 자선단체에 기부될 것이다.

RANK 671

Part 5 ★★★ Part 6 ★★★ Part 7 ★★★ Total ★★★

React
[riækt]

[v] 반응하다, 반응을 보이다
When she shouted at me, I didn't know how to react.
그녀가 나에게 소리 질렀을 때, 나는 어떻게 반응해야 하는지 몰랐다.

RANK 672

Part 5 ★★★　Part 6 ★★★　Part 7 ★★★　Total ★★★

Vary
[veri]

[v] 서로 다르다
The survey result varies from cities to cities.
조사결과는 도시마다 다르다.

RANK 673

Part 5 ★★★　Part 6 ★★★　Part 7 ★★★　Total ★★★

Relocation
[riːloukéiʃən]

[n] 재배치, 배치전환
The company is low on their budget due to the recent relocation.
최근의 재배치 때문에 그 회사는 예산이 부족하다.

RANK 674

Part 5 ★★★　Part 6 ★★★　Part 7 ★★★　Total ★★★

District
[dɪstrɪkt]

[n] 지구, 지역
The district is going through budget cuts.
이 지역은 예산감축을 검토하고 있는 중이다.

RANK 675

Part 5 ★★★　Part 6 ★★★　Part 7 ★★★　Total ★★★

Temporary
[témpəreri]

[a] 일시적인, 임시의
Temporary solutions are never good in the long run.
일시적인 해결책들은 결국에는 결코 좋지 않다.

RANK 676

Part 5 ★★　Part 6 ★★★　Part 7 ★★★★　Total ★★★

Accountable for A
[əkaʊntəbl] [fə(r)]

[a] A에 대해 책임이 있는
You are fully accountable for the quality of our products.
당신은 전적으로 우리 제품의 품질에 대해 책임이 있다.

RANK 677

Part 5 ★★★　Part 6 ★★★　Part 7 ★★★　Total ★★★

Length
[leŋθ]

[n] 길이
Can you measure the length and the width of your window so that I can buy curtains?
제가 커튼을 살 수 있게 당신의 창문 길이와 너비 좀 재어 주실 수 있나요?

RANK 678

Part 5 ★★★　Part 6 ★★★　Part 7 ★★★　Total ★★★

Make allowance for A
[meɪk] [əlaʊəns] [fə(r)]

[v] A를 감안하다, A를 참작하다
You should make allowance for bad traffic and leave early to arrive on time.
당신은 교통체증을 고려해서 정시에 도착하기 위해 일찍 떠나야 한다.

RANK 679
Part 5 ★★★　Part 6 ★★★　Part 7 ★★★　Total ★★★

Communication skills
[kəmjuːnɪkeɪʃn] [skɪl]

[n] 의사소통 능력
Communication skills are essential when persuading someone.
의사소통능력은 누군가를 설득할 때 필수적이다.

RANK 680
Part 5 ★★★　Part 6 ★★★　Part 7 ★★★　Total ★★★

Expectation
[ekspekteɪʃn]

[n] 예상
Your report was amazing! It was beyond my expectation.
당신의 보고서는 놀라울 정도였습니다. 제 기대 이상이었습니다.

RANK 681
Part 5 ★★★　Part 6 ★★★　Part 7 ★★★　Total ★★★

Satisfaction
[sætɪsfækʃn]

[n] 만족, 흡족
Our company conducts a survey every year to find out about customer satisfaction level.
우리 회사는 고객만족수준을 알아내기 위해 매년 설문조사를 한다.

[n] 배상
I got into a car accident last week but did not get any satisfaction.
저는 지난주에 차 사고를 당했으나 어떠한 배상도 받지 못했습니다.

RANK 682
Part 5 ★★★　Part 6 ★★★　Part 7 ★★★　Total ★★★

Costume
[kɑːstuːm]

[n] 의상, 분장
The meeting with my clients is next week and I need a new costume.
고객과의 만남은 다음 주이고 저는 새로운 의상이 필요합니다.

RANK 683
Part 5 ★★★　Part 6 ★★★　Part 7 ★★★　Total ★★★

Take advantage of A
[teɪk] [ədvæntɪdʒ] [ʌv]

[v] A를 이용하다
I will take advantage of the weekend to spend time with my family.
저는 제 가족과 시간을 보내기 위해 주말을 이용할 것입니다.

RANK 684
Part 5 ★★★　Part 6 ★★★　Part 7 ★★★　Total ★★★

Regard
[rɪgɑːrd]

[v] ~을 ~으로 여기다
I regard every challenge as an opportunity.
저는 모든 도전을 기회로 여깁니다.

[n] 관심, 고려, 존경, 안부(편지의 끝 부분)
I look forward to hearing back from you soon. Kind regards, Michelle.
당신이 곧 연락주시길 바랍니다. 안부를 전하며, Michelle.

RANK 685
Part 5 ★★★　Part 6 ★★★　Part 7 ★★★　Total ★★★

Steady
[stedi]

[a] 꾸준한
The company has been experiencing a steady growth for the past five years.
그 회사는 지난 5년 동안 꾸준한 성장을 겪는 중에 있습니다.

RANK 686
Part 5 ★★★　Part 6 ★★★　Part 7 ★★★　Total ★★★

Merger
[mɜːrdʒə(r)]

[n] 합병
There was a rumor about a merger between Hong's Natural Foods and Creative Retail.
Hong's Natural Foods와 Creative Retail이 합병한다는 소문이 있었다.

RANK 687
Part 5 ★★★　Part 6 ★★★　Part 7 ★★★　Total ★★★

Tentative
[tentətɪv]

[a] 잠정적인
This plan can always change because it is only tentative.
이 계획은 잠정적이기 때문에 항상 바뀔 수 있다.

[a] 머뭇거리는, 자신 없는
I'm not confident about my presentation because I am tentative about my idea.
제 생각에 대해 자신이 없기 때문에 저의 발표에 대해 자신이 없습니다.

RANK 688
Part 5 ★★★　Part 6 ★★★　Part 7 ★★★　Total ★★★

Start
[stɑːrt]

[v] 시작하다
Stop postponing and start exercising today for your health.
미루지 말고 오늘부터 당신의 건강을 위해 운동을 시작하세요.

[n] 시작
The movie I just watched was so hilarious from start to end.
내가 방금 본 영화는 처음부터 끝날 때까지 너무 재미있었다.

RANK 689
Part 5 ★★★　Part 6 ★★★　Part 7 ★★★　Total ★★★

Remaining
[rɪmeɪnɪŋ]

[a] 남아 있는, 남은
If you have finished filling out the form, you can have some refreshments in the remaining time.
만약 양식 작성을 다 하셨다면, 남은 시간 동안 다과를 드실 수 있습니다.

홍샘의 포인트 강의

remaining(남아 있는)은 원래 현재분사이지만 완전히 형용사로 변형된 경우입니다. 다음 형용사도 함께 알아두세요.

existing 기존의
challenging 도전적인
lasting 지속하는
demanding 까다로운
understanding 이해심 있는
promising 미래가 밝은
unwavering 불굴의

RANK 690

Part 5 ★★★ Part 6 ★★★ Part 7 ★★★ Total ★★★

Method
[meθəd]

[n] 방법
What method did you use to solve this problem?
이 문제를 풀기 위해서 어떤 방법을 당신은 사용하셨나요?

RANK 691

Part 5 ★★★ Part 6 ★★★ Part 7 ★★★ Total ★★★

Renowned
[rɪnaʊnd]

[a] 유명한, 명성 있는
A renowned doctor in town
도시의 유명한 의사

RANK 692

Part 5 ★★★ Part 6 ★★★ Part 7 ★★ Total ★★★

Identification
[aɪdentɪfɪkeɪʃn]

[n] 신원확인, 신분 증명, 식별
Have your passport ready as a proof of identification?
신원확인의 증거로 여권이 준비되어 있나요?

RANK 693

Part 5 ★★★ Part 6 ★★★ Part 7 ★★★ Total ★★★

Succession
[səkseʃn]

[n] 연속, 잇따름
I feel like bad things come in succession.
저는 나쁜 것들은 연속으로 온다고 느낍니다.

RANK 694

Part 5 ★★★ Part 6 ★★★ Part 7 ★★ Total ★★★

Alleviate
[əliːvieɪt]

[v] 완화하다
To alleviate the wound, you should not exercise too much.
상처를 완화하기 위해서, 당신은 너무 많이 운동하지 말아야 한다.

RANK 695

Part 5 ★★★ Part 6 ★★★ Part 7 ★★★ Total ★★★

Supervision
[sùːpərvíʒən]

[n] 감독, 관리, 지휘, 감시, 통제
Under the supervision of managers, employees cleaned the hall diligently.
매니저들의 감독 아래에, 직원들은 부지런히 그 홀을 청소했습니다.

RANK 696

Part 5 ★★★ Part 6 ★★★ Part 7 ★★ Total ★★★

Commute
[kəmjuːt]

[v] 통근하다
Commuting to work on a snowy day is painful.
눈 내리는 날에 일하기 위해 통근하는 것은 고통스럽다.

[n] 통근(거리)
How was your commute today? Was the traffic bad as usual?
오늘 너의 통근은 어땠나요? 평소와 같이 교통체증이 있었나요?

RANK 697

| Part 5 ★★ | Part 6 ★★★ | Part 7 ★★★ | Total ★★★ |

Addition
[ədɪʃn]

[n] 덧셈, 추가된 것, 추가
Welcome to our company. You will be a valuable addition to our company.
우리 회사에 오신 걸 환영합니다. 당신은 우리 회사에서 가치 있는 증원인력이 될 것입니다.

홍샘의 포인트 강의
addition은 '추가'를 의미합니다. 인력이나 인원의 추가, 문서 상 내용의 추가 등 여러 가지 의미의 추가를 의미하며 형용사 additional은 '추가의'라는 의미로 시험에 많이 나오는 형용사입니다.

RANK 698

| Part 5 ★★★ | Part 6 ★★★ | Part 7 ★★★ | Total ★★★ |

Reject
[rɪdʒekt]

[v] 거부하다, 거절하다
I made a last minute proposal but it was resolutely rejected.
저는 마지막으로 작은 제안을 했지만 무자비하게 거절당했습니다.

RANK 699

| Part 5 ★★ | Part 6 ★★★ | Part 7 ★★★ | Total ★★★ |

Beginning
[bɪgɪnɪŋ]

[n] 초, 시작
I have to compile the data again from the beginning since my computer was frozen.
저는 제 컴퓨터가 멎었기 때문에 처음부터 다시 데이터를 수집해야만 합니다.

RANK 700

| Part 5 ★★★ | Part 6 ★★★ | Part 7 ★★★ | Total ★★★ |

Outgoing
[aʊtgoʊɪŋ]

[a] 외향적인, 사교적인
David is a sociable and outgoing person.
데이비드는 사교적이고 외향적인 사람입니다.

RANK 701

| Part 5 ★★★ | Part 6 ★★★ | Part 7 ★★★ | Total ★★★ |

Processing
[prɑsesɪŋ]

[n] 처리
The efficient method that we invented is very useful for data processing.
우리가 발명한 이 효율적인 방법은 자료 처리에 아주 유용하다.

RANK 702

| Part 5 ★★★ | Part 6 ★★★ | Part 7 ★★★ | Total ★★★ |

Proficient
[prəfɪʃnt]

[a] 능숙한, 능한
She is a proficient French speaker.
그녀는 프랑스어 말하기가 능숙한 사람입니다.

RANK 703

| Part 5 ★★★ | Part 6 ★★ | Part 7 ★★★ | Total ★★★ |

Aim
[eɪm]

[n] 목적, 목표
Having a clear aim helps you to work faster.
뚜렷한 목표를 갖는 것은 당신이 업무를 훨씬 빠르게 진행 하도록 도와준다.

RANK 704

Part 5 ★★★ Part 6 ★★★ Part 7 ★★★ Total ★★★

Situation
[sɪtʃueɪʃn]

[n] 상황, 처지, 환경
The current situation does not look too great. We must come up with a solution soon.
현재의 상황은 많이 좋아 보이지 않습니다. 우리는 곧 해결책을 반드시 제시해야 합니다.

RANK 705

Part 5 ★★★ Part 6 ★★★ Part 7 ★★★ Total ★★★

Initiate
[ɪnɪʃieɪt]

[v] 착수시키다, 개시되게 하다
I need you to initiate my new plans immediately.
저는 새로운 계획을 당장 착수하기 위해서는 당신이 필요합니다.

RANK 706

Part 5 ★★ Part 6 ★★★ Part 7 ★★★ Total ★★★

Bulk
[bʌlk]

[a] 대량의
Walstcomart is cheap but they sell everything in bulk.
Walstcomart는 싸지만 모든 상품을 대량으로 팝니다.

RANK 707

Part 5 ★★★ Part 6 ★★★ Part 7 ★★★ Total ★★★

Demanding
[dɪmændɪŋ]

[a] 부담이 큰, 힘든
I read the job description and it seemed to be very demanding.
저는 직무 기술서를 읽었고, 이것은 매우 부담이 될 것처럼 보입니다.

RANK 708

Part 5 ★★★ Part 6 ★★★ Part 7 ★★★ Total ★★★

Progress
[prɑːɡrəs]

[n] 진전, 진척, 진행
Construction of a building is currently in progress.
건물 공사는 현재 진행 중입니다.

RANK 709

Part 5 ★★★ Part 6 ★★ Part 7 ★★★ Total ★★★

Closure
[kloʊʒə(r)]

[n] 폐쇄
Road closure due to the construction
건설로 인한 길 폐쇄

RANK 710

Part 5 ★★★ Part 6 ★★★ Part 7 ★★★ Total ★★★

Reliable
[rɪlaɪəbl]

[a] 믿을 수 있는
Books are more reliable than the Internet.
책은 인터넷보다 더 믿을 수 있다.

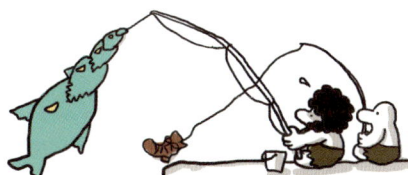

RANK 711

Part 5	Part 6	Part 7	Total
★★★	★★★	★★	★★★

Add
[æd]

[v] 첨가하다, (수, 양을) 합하다, (말을) 덧붙이다, (특징 등을) 보태다
Adding some pepper to a salad always makes it better.
샐러드에 약간의 후추를 첨가하는 것은 더 좋습니다.

RANK 712

Part 5	Part 6	Part 7	Total
★★	★★★	★★★	★★★

Conflict
[kɑ:nflɪkt]

[n] 갈등, 충돌
Conflicts among employees have negative impacts on sales figures.
사원들 사이에서 갈등은 판매수치에 부정적인 영향을 미친다.

RANK 713

Part 5	Part 6	Part 7	Total
★★	★★★	★★★	★★★

Define
[dɪfaɪn]

[v] 정의하다, 규정하다
Can you define the word 'to criticize' for me?
당신이 저를 위해 '비평하다'란 단어를 정의해 주시겠습니까?

RANK 714

Part 5	Part 6	Part 7	Total
★★★	★★	★★★	★★★

Critical
[krɪtɪkl]

[a] 비판적인, 비난하는
I do not want to work together with cynical and critical person.
나는 냉소적이고 비판적인 사람과 같이 일하고 싶지 않다.

[a] 대단히 중요한
This critical meeting will determine the future of our company.
이 중요한 미팅은 우리 회사의 미래를 결정할 것이다.

RANK 715

Part 5	Part 6	Part 7	Total
★★★	★★	★★★	★★★

Allocation
[æləkeɪʃn]

[n] 할당량, 할당
The allocation of food among the third world countries must be fair.
제 3세계 나라들 사이에서 식량의 할당량은 공정해야만 한다.

RANK 716

Part 5	Part 6	Part 7	Total
★★★	★★★	★★★	★★★

Totally
[toʊtəli]

[ad] 완전히, 전적으로
I am totally opposed to your idea because I'm not sure that we can take the risk.
저는 우리가 위험을 감당할 수 있을지 확신하지 않기 때문에 당신의 의견에 전적으로 반대합니다.

RANK 717
Part 5 ★★ Part 6 ★★ Part 7 ★★★★ Total ★★★

Amenity
[əmenəti]

[n] 편의시설
This hotel is quite expensive since it offers various amenities.
이 호텔은 다양한 편의시설을 제공하기 때문에 매우 비쌉니다.

RANK 718
Part 5 ★★★ Part 6 ★★ Part 7 ★★★ Total ★★★

Equip
[ɪkwɪp]

[v] 장비를 갖추다
The company building is not equipped with fire alarms.
회사 건물은 화재경보기를 갖추고 있지 않다.

RANK 719
Part 5 ★★★ Part 6 ★★★ Part 7 ★★★ Total ★★★

Refuse
[rɪfjuːz]

[v] 거절하다
He refused to take my advice.
그는 저의 충고를 거절했습니다.

RANK 720
Part 5 ★★★ Part 6 ★★ Part 7 ★★★ Total ★★★

Employment
[ɪmplɔɪmənt]

[n] 직장, 고용
Does your company offer employment insurance?
당신의 회사는 고용보험을 제공합니까?

RANK 721
Part 5 ★★★ Part 6 ★★★ Part 7 ★★ Total ★★★

Applaud
[əplɔːd]

[v] 손뼉을 치다, 갈채를 보내다
One of the board members applauded the manager for good performance.
이사진들 중에 한 명은 좋은 성과를 낸 매니저에게 갈채를 보냈다.

RANK 722
Part 5 ★★ Part 6 ★★★ Part 7 ★★★ Total ★★★

Dismiss
[dɪsmɪs]

[v] 묵살하다, 떨쳐 버리다, 해고하다
You have been dismissed and you may leave the office now.
당신은 해고되었고, 지금 회사를 떠나야 할지도 모릅니다.

RANK 723
Part 5 ★★ Part 6 ★★★ Part 7 ★★★ Total ★★★

Expert
[eksp3ːrt]

[n] 전문가
I need to consult an expert for advice on running my own company successfully.
저는 제 사업을 성공적으로 운영하기 위한 조언을 받기 위해 전문가와 상담할 필요가 있습니다.

[a] 전문가의
He is the only expert technician in the region.
그는 이 지역에서 유일한 전문 기술자이다.

RANK 724

| Part 5 ★★ | Part 6 ★★★ | Part 7 ★★★ | Total ★★★ |

Familiar
[fəmɪliə(r)]

[a] 익숙한, 친숙한
I went to my high school reunion and I saw some familiar faces.
저는 고등학교 동창회에 갔고 친숙한 얼굴들을 봤습니다.

RANK 725

| Part 5 ★★★ | Part 6 ★★★ | Part 7 ★★ | Total ★★★ |

Attendee
[ætendi:]

[n] 참석자
This year, we are expecting a higher number of attendees than last year.
올해, 우리는 작년보다 더 많은 참석자가 있을 것이라 예상한다.

홍샘의 포인트 강의

attendee는 '참석자', attendance는 '출석', 그리고 attendant는 '(손님을 직접 대하는) 직원'의 의미입니다.

RANK 726

| Part 5 ★★★ | Part 6 ★★ | Part 7 ★★★ | Total ★★★ |

Designation
[dezɪgneɪʃn]

[n] 지정, 지명
The president of South Korea approved a new policy regarding the designation of several national parks as a conservation area.
한국의 대통령은 환경보호 지역으로써 몇 개의 국립공원 지정에 관한 새로운 정책을 승인했다.

RANK 727

| Part 5 ★★ | Part 6 ★★★ | Part 7 ★★★ | Total ★★★ |

Book
[bʊk]

[v] 예약하다
I booked the airline tickets for my business trip.
저는 출장을 위해 비행기 표를 예약했습니다.

RANK 728

| Part 5 ★★ | Part 6 ★★★ | Part 7 ★★★ | Total ★★★ |

Diverse
[daɪv3:rs]

[a] 다양한
The team consists of diverse people.
이 팀은 다양한 사람들로 이루어져 있다.

RANK 729

| Part 5 ★★★ | Part 6 ★★ | Part 7 ★★★ | Total ★★★ |

Dimension
[daɪmenʃn]

[n] 크기, 치수
I need exact dimension of the windows to buy curtains.
저는 커튼을 사기 위해 창문의 정확한 치수가 필요합니다.

RANK 730

| Part 5 ★★★ | Part 6 ★★ | Part 7 ★★★ | Total ★★★ |

Even as
[i:vn] [əz]

[conj] ~하는 바로 그 순간에
The tree fell down even as the lightning struck it.
번개가 떨어져서 나무가 쓰러졌습니다.

RANK 731
Part 5 ★★ Part 6 ★★★ Part 7 ★★★ Total ★★★

Anonymous
[ənɑ:nɪməs]

[a] 익명으로 된
An anonymous person donated $1000 to a charity for disadvantaged students.
익명의 누군가가 불우한 학생을 위해 자선단체에 1000달러를 기부했다.

RANK 732
Part 5 ★★★ Part 6 ★★ Part 7 ★★★ Total ★★★

Excited
[ɪksaɪtɪd]

[a] 신이 난, 들뜬
Mr. Shin is so excited at the thought of starting a business tomorrow.
Mr. Shin은 내일 사업을 시작할 생각에 정말 신이 나 있다.

RANK 733
Part 5 ★★ Part 6 ★★★ Part 7 ★★★ Total ★★★

Operational
[ɑ:pəreɪʃənl]

[a] 가동상의, 운영상의, 사용할 준비가 갖춰진
The new factory will be operational starting next week.
새로운 공장은 다음 주부터 운영 가능할 것입니다.

RANK 734
Part 5 ★★★ Part 6 ★★★ Part 7 ★★ Total ★★★

Subsequently
[sʌbsɪkwəntli]

[ad] 그 뒤에, 나중에
My family immigrated to a new country and subsequently, they bought a new car.
제 가족들은 새로운 나라로 이주했고 그 후 새로운 차를 샀습니다.

RANK 735
Part 5 ★★ Part 6 ★★★ Part 7 ★★★ Total ★★★

Hardly
[hɑ:rdli]

[ad] 거의 ~아니다, 거의 ~할 수가 없다
When the meeting with my clients was finished, there was hardly any time left to visit the most famous tourist attraction in Paris.
고객들과의 만남이 끝났을 때, 파리에서 가장 유명한 관광명소를 방문할 시간이 거의 남아 있지 않았다.

RANK 736
Part 5 ★★ Part 6 ★★★ Part 7 ★★★ Total ★★★

Intensify
[ɪntensɪfaɪ]

[v] ~을 강하게 하다, ~을 증대하다
We will intensify security by inspecting all passengers' luggage to prevent terrorists' attack.
테러 공격에 대비하기 위하여 우리는 모든 승객의 짐들을 X-ray로 검사함으로써 보안을 강화할 것이다.

RANK 737
Part 5 ★★★ | Part 6 ★★★ | Part 7 ★★ | Total ★★★

Maintenance
[meɪntənəns]

[n] 유지
Sometimes the maintenance cost is more expensive than the initial cost.
가끔 유지비용이 처음 비용보다 더 비쌀 때가 있다.

RANK 738
Part 5 ★★★ | Part 6 ★★★ | Part 7 ★★ | Total ★★★

Commuter
[kəmjuːtə(r)]

[n] 통근자
The subway is always packed with commuters.
전철은 항상 통근자들로 미어터진다.

RANK 739
Part 5 ★★ | Part 6 ★★★ | Part 7 ★★★ | Total ★★★

Evident
[evɪdənt]

[a] 분명한, 눈에 띄는
It is evident that he is lying.
그가 거짓말 하고 있는 것이 분명하다.

RANK 740
Part 5 ★★ | Part 6 ★★★ | Part 7 ★★★ | Total ★★★

Objection
[əbdʒekʃn]

[n] 이의, 반대
He made an objection to the opposing party's argument.
그는 반대 정당의 논쟁에 반대했습니다.

RANK 741
Part 5 ★★★ | Part 6 ★★★ | Part 7 ★★ | Total ★★★

Congested
[kəndʒestɪd]

[a] 붐비는, 혼잡한
It's extremely congested with traffic in downtown at rush hour.
출근시간에 도심가는 매우 혼잡하다.

RANK 742
Part 5 ★★ | Part 6 ★★★ | Part 7 ★★★ | Total ★★★

In accordance with
[ɪn] [əkɔːrdəns] [wɪð]

[유사prep] ~에 부합되게, 따라
Our team was disqualified from advancing to the finals because we did not play in accordance with the rules.
우리 팀은 규칙을 따르지 않았기 때문에 결승에 진출할 자격을 잃었다.

RANK 743
Part 5 ★★★ | Part 6 ★★ | Part 7 ★★★ | Total ★★★

Demolition
[dèməlíʃən]

[n] 파괴
Demolition of old buildings is the first step to building new ones.
오래된 빌딩의 철거는 새로운 것을 짓기 위한 첫 단계입니다.

RANK 744

Part 5	Part 6	Part 7	Total
★★★	★★	★★★	★★★

Acceptable
[əkseptəbl]

[a] 용인되는, 받아들일 수 있는
Swearing is not acceptable within the company.
욕설은 회사 내에서 용인되지 않습니다.

RANK 745

Part 5	Part 6	Part 7	Total
★★★	★★	★★★	★★★

Essential
[ɪsenʃl]

[a] 필수적인, 극히 중요한
Exercise is an essential part of my daily routine.
운동은 저의 일상생활의 필수적인 한 부분입니다.

RANK 746

Part 5	Part 6	Part 7	Total
★★★	★★★	★★	★★★

Elderly
[eldərli]

[a] 연세가 드신
Please keep the designated seats empty for elderly persons.
연세가 드신 분들을 위해 지정된 좌석을 비워 주세요.

RANK 747

Part 5	Part 6	Part 7	Total
★★	★★★	★★★	★★★

Evaluation
[ivæljuéiʃən]

[n] 평가
Summative evaluation
총괄적 평가

RANK 748

Part 5	Part 6	Part 7	Total
★★★	★★★	★★	★★★

Quality
[kwɑːləti]

[n] 질, 우수함
You will receive the products of a high quality from my company.
당신은 저희 회사로부터 질 높은 상품을 받을 것입니다.

RANK 749

Part 5	Part 6	Part 7	Total
★★★	★★	★★★	★★★

Extensive
[ɪkstensɪv]

[a] 아주 넓은, 대규모의
Our extensive journey in Europe lasted three months.
유럽에서 우리의 광범위한 여행은 세 달간 지속되었다.

홍샘의 포인트 강의

extensive는 '포괄적인'으로 '여러 가지를 폭넓게 포함하는'의 의미입니다. Extensive training이라 함은 한 가지가 아니라 여러 가지 폭넓은 교육을 의미합니다. 기출 표현으로는 extensive damage(넓은 지역의 피해)가 있습니다. 뉴스에 태풍이나 지진이 발생하면 반드시 나오는 단어가 이 단어입니다.

Rank 750-990

정답으로 통장하는 TOEIC 단어들

RANK 750

| Part 5 ★★ | Part 6 ★★ | Part 7 ★★★ | Total ★★★ |

Abolishment
[əbɑːlɪʃ]

[n] 폐지
We would like to see the abolishment of the company's irrational policy.
우리는 회사의 비논리적인 정책의 폐지를 보고 싶다.

RANK 751

| Part 5 ★★ | Part 6 ★★ | Part 7 ★★★ | Total ★★★ |

Deduct
[dɪdʌkt]

[v] 공제하다
Your deposit will be deducted from your first month salary.
당신의 보증금은 첫 달의 월급에서 공제됩니다.

RANK 752

| Part 5 ★★ | Part 6 ★★ | Part 7 ★★★ | Total ★★★ |

Draft
[dræft]

[n] 원고, 초안
I just finished my final draft which is due tomorrow.
나는 내일까지 내야 하는 최종 원고를 방금 끝마쳤다.

[n] 수표
The bank charges 2 dollars for the draft.
은행은 수표를 위해 2달러를 청구합니다.

[v] 초안을 작성하다
I'm still drafting my report.
저는 여전히 저의 보고서를 작성하는 중입니다.

RANK 753

| Part 5 ★★ | Part 6 ★★ | Part 7 ★★★ | Total ★★★ |

Attendance
[ətendəns]

[n] 출석, 참석
The weekly meeting was canceled due to the low attendance.
주간회의는 낮은 출석 때문에 취소되었다.

RANK 754

| Part 5 ★★ | Part 6 ★★ | Part 7 ★★★ | Total ★★★ |

Afford
[əfɔːrd]

[v] ~할 여유가 되다
I cannot afford the time to go out every weekend.
저는 주말마다 밖에 나갈 시간적 여유가 없습니다.

RANK 755

| Part 5 ★★ | Part 6 ★★ | Part 7 ★★★ | Total ★★★ |

Indicator
[ɪndɪkeɪtə(r)]

[n] 지표, 계기
Statistics are key indicators.
통계자료는 핵심 지표입니다.

RANK 756

| Part 5 ★★ | Part 6 ★★ | Part 7 ★★★ | Total ★★★ |

Component
[kəmpoʊnənt]

[n] 요소, 부품
Make sure you send all components in the parcel.
당신이 소포에 모든 부품을 보냈는지 확인해 보세요.

RANK 757

Part 5 ★★ | Part 6 ★★ | Part 7 ★★★ | Total ★★★

Dental
[dentl]

[a] 치과의
Dental treatment
치과 치료

RANK 758

Part 5 ★★ | Part 6 ★★ | Part 7 ★★★ | Total ★★★

Complimentary
[kɑːmplɪmentri]

[a] 무료의
Two complimentary tickets to the Busan International Film Festival will be given if you buy over one hundred dollars from our website.
만약 당신이 우리 웹사이트에서 100달러 이상 구매 한다면 두 장의 부산 국제 영화제 무료 티켓이 주어질 것이다.

홍샘의 포인트 강의

complimentary는 '기분 좋게 하다'는 의미에서 파생되어 고객에게 제공되는 '무료 서비스'를 의미합니다. 보통 호텔에서는 무료 아침 식사(complimentary breakfast)를 제공합니다.

RANK 759

Part 5 ★★ | Part 6 ★★ | Part 7 ★★★ | Total ★★★

Downtown
[daʊntaʊn]

[n] 시내
I will be going downtown for dinner today.
오늘 나는 저녁 식사를 위해 시내로 갈 것이다.

RANK 760

Part 5 ★★ | Part 6 ★★ | Part 7 ★★★ | Total ★★★

Abstract
[æbstrækt]

[a] 추상적인, 막연한
These new marketing plans that you just showed us are very abstract and impractical.
당신이 우리에게 보여준 이번 새로운 마케팅 계획들은 매우 추상적이고 실행 불가능하다.

RANK 761

Part 5 ★★ | Part 6 ★★ | Part 7 ★★★ | Total ★★★

Convention
[kənvenʃn]

[n] 관습, 대회, 조약, 회의, 협의회
Every country must send three representatives to the annual convention in Washington D. C.
모든 나라는 워싱턴 D. C.에서 열리는 매년 회의에 세 명의 대표자들을 보내야만 한다.

RANK 762

Part 5 ★★ | Part 6 ★★ | Part 7 ★★★ | Total ★★★

Function
[fʌŋkʃn]

[n] 기능
Cleaning is the main function of this robot.
청소하는 것이 이 로봇의 주요 기능입니다.

[v] 기능하다
The cleaning robot is functioning very well.
청소로봇은 아주 잘 작동합니다.

RANK 763

Part 5 ★★ Part 6 ★★ Part 7 ★★★ Total ★★★

Advisory
[ədvaɪzəri]

[a] 자문의, 고문의
The advisory committee asked a few questions on how the company should plan its future direction.
자문위원단은 어떻게 회사의 미래방향을 계획할 지에 대해 몇 가지를 질문했다.

RANK 764

Part 5 ★★ Part 6 ★★ Part 7 ★★★ Total ★★★

Convenience
[kənviːniəns]

[n] 편의, 편리
The new supermarket is now running shuttle buses for the customers' convenience.
새로운 슈퍼마켓은 고객님들의 편의를 위해 셔틀버스를 운행 중입니다.

RANK 765

Part 5 ★★★ Part 6 ★★ Part 7 ★★ Total ★★★

Condition
[kəndɪʃn]

[n] 상태
It's a used desk but it's in really good condition.
사용된 책상이지만 상태는 좋습니다.

RANK 766

Part 5 ★★ Part 6 ★★ Part 7 ★★★ Total ★★★

Certify
[sɜːrtɪfaɪ]

[v] 증명하다, 자격증을 교부하다
The certificate can be approved if it has been certified by a government party.
만일 집권당에 의해 증명되었다면 그 자격증은 승인될 수 있습니다.

RANK 767

Part 5 ★★ Part 6 ★★ Part 7 ★★★ Total ★★★

Coordinate
[koʊɔːrdɪneɪt]

[v] 조직화하다
Team members must coordinate with each other and work towards the same goal.
팀 멤버들은 서로서로 협력해야 하고 같은 목표를 향해 일해야 합니다.

RANK 768

Part 5 ★★ Part 6 ★★ Part 7 ★★★ Total ★★★

Advertise
[ædvərtaɪz]

[v] 광고하다
The company has come up with a new strategy to advertise their products more effectively.
그 회사는 상품들을 더 효율적으로 광고하기 위해 새로운 전략을 내놓았다.

RANK 769

Part 5 ★★ Part 6 ★★ Part 7 ★★★ Total ★★★

Renewal
[rɪnuːəl]

[n] 재개, 갱신, 연장, 개선
The contract renewal was postponed until next week. Have you made a decision yet?
계약 연장은 다음 주까지 연기되었습니다. 결정은 하셨나요?

RANK 770

Part 5 ★★ Part 6 ★★★ Part 7 ★★ Total ★★★

Acknowledge
[əknɑːlɪdʒ]

[v] 인정하다, 받았음을 알리다
Please acknowledge receipt of your parcel by calling me.
저에게 전화를 하여 당신의 소포를 받았다고 알려주세요.

RANK 771

Part 5 ★★ Part 6 ★★ Part 7 ★★★ Total ★★★

Ease
[iːz]

[v] 완화되다, 느슨하게 풀다
Rubbing your hands will ease the tension.
당신의 손을 비비는 것은 긴장을 완화시킬 것이다.

[n] 쉬움, 용이함, 편의성
The applicants who studied so hard finished the test with ease while others struggled.
다른 사람들이 힘겨웠던 반면에 공부를 열심히 한 지원자들은 쉽게 시험을 끝냈습니다.

RANK 772

Part 5 ★★ Part 6 ★★ Part 7 ★★★ Total ★★★

Circulation
[sɜːrkjəleɪʃn]

[n] 순환, 판매 부수
Drinking water helps your blood circulation.
물을 마시는 것은 당신의 혈액 순환을 도와준다.

RANK 773

Part 5 ★★ Part 6 ★★ Part 7 ★★★ Total ★★★

Lag behind
[læg] [bɪhaɪnd]

[v] ~보다 뒤떨어지다
Our country's economy lags behind other well developed nations.
우리나라의 경제는 다른 선진국들보다 뒤처져 있습니다.

RANK 774

Part 5 ★★ Part 6 ★★ Part 7 ★★★ Total ★★★

Administer
[ədmɪnɪstə(r)]

[v] 집행하다, 투여하다
The managers will administer customer surveys on a weekly basis.
그 매니저들은 매주 단위로 고객 설문조사를 집행할 것입니다.

RANK 775
Part 5 ★★ Part 6 ★★ Part 7 ★★★ Total ★★★

Informative
[ɪnfɔ:rmətɪv]

[a] 유용한 정보를 주는, 유익한
A training session was very informative and practical.
교육시간은 아주 유익하고 실용적이었습니다.

RANK 776
Part 5 ★★★ Part 6 ★★ Part 7 ★★ Total ★★★

Remainder
[rɪmeɪndə(r)]

[n] 나머지, 재고품
What will you do for the remainder of the summer vacation?
남은 여름휴가 동안 당신은 무엇을 하실 건가요?

RANK 777
Part 5 ★★ Part 6 ★★ Part 7 ★★★ Total ★★★

Majority
[mədʒɔ:rəti]

[n] 가장 많은 수, 다수
The majority of students finished the test.
학생들의 다수는 시험을 끝냈다.

RANK 778
Part 5 ★★ Part 6 ★★ Part 7 ★★★ Total ★★★

Cater
[keɪtə(r)]

[v] 음식을 공급하다, 음식을 조달하다
The reception will cater drinks and a buffet.
환영회는 술과 뷔페를 제공할 것입니다.

RANK 779
Part 5 ★★ Part 6 ★★ Part 7 ★★★ Total ★★★

Automotive
[ɔ:təmoʊtɪv]

[a] 자동차의
We work to improve automotive technology.
우리는 자동차 기술을 향상시키기 위하여 근무한다.

RANK 780
Part 5 ★★ Part 6 ★★ Part 7 ★★★ Total ★★★

Unanimously
[ju:nænəməsli]

[ad] 만장일치로
The sales team unanimously agreed on the new manager.
그 영업팀은 만장일치로 새로운 매니저에 동의했습니다.

RANK 781
Part 5 ★★ Part 6 ★★ Part 7 ★★★ Total ★★★

Economize
[ɪkɑ:nəmaɪz]

[v] 절약하다, 아끼다
The country's economic downfall is forcing everyone to economize their spending.
그 나라의 경제 하락은 모든 사람들에게 소비를 줄이도록 강요하고 있다.

RANK 782

Part 5 ★★ Part 6 ★★ Part 7 ★★★ Total ★★★

Deploy
[dɪplɔɪ]

[v] 배치하다, 효과적으로 사용하다
The new government deployed public clinics around the city to enhance national healthcare system.
새로운 정부는 국민건강보호시스템을 향상시키기 위해 도시 주변에 공공보건소를 배치했다.

RANK 783

Part 5 ★★ Part 6 ★★ Part 7 ★★★ Total ★★★

Criteria
[kraɪ]

[n] 표준, 기준
All applicants must meet the criteria listed below.
모든 참석자들은 아래에 나열된 기준들을 충족해야 한다.

RANK 784

Part 5 ★★ Part 6 ★★ Part 7 ★★★ Total ★★★

Lack
[læk]

[n] 부족, 결핍
Lack of nutrition can severely damage your body.
영양부족은 당신의 몸에 심하게 손상을 줄 수 있다.

[v] ~이 없다, 부족하다
Our company lacks financial resources to open a new branch at the moment.
우리 회사는 지금 새로운 지점을 열기 위한 재정적 자원이 부족합니다.

RANK 785

Part 5 ★★ Part 6 ★★★ Part 7 ★★ Total ★★★

Happen
[hæpən]

[v] 있다, 발생하다, 벌어지다
Unexpected things will happen when you do not pay attention.
예상치 못한 것들은 당신이 집중하지 못했을 때 발생할 것이다.

RANK 786

Part 5 ★★ Part 6 ★★ Part 7 ★★★ Total ★★★

In common
[ɪn] [kɑ:mən]

[ad] 공동으로
My boss and I have a lot in common.
내 상사와 저는 많은 공통점을 갖고 있다.

RANK 787

Part 5 ★★ Part 6 ★★ Part 7 ★★★ Total ★★★

Consult
[kənsʌlt]

[v] 상담하다, 참고하다
Consult an expert about your matters.
당신의 문제에 관하여 전문가에게 상담하세요.

RANK 788

Part 5 ★★ Part 6 ★★★ Part 7 ★★ Total ★★★

Coordinator
[kouɔ́:rdənèitər]

[n] 조정자, 진행자
The program coordinator is in charge of overall performance of the company.
그 프로그램의 진행자는 회사의 전체 공연을 책임지고 있습니다.

RANK 789
Part 5 ★★★ Part 6 ★★ Part 7 ★★ Total ★★★

Compliant
[kəmplaɪənt]

[a] 순응하는, 따르는, 준수하는
Hundreds of staff on strike are no longer compliant to their managers.
파업 중인 수백 명의 직원들은 더는 그들의 관리자들을 따르지 않는다.

RANK 790
Part 5 ★★ Part 6 ★★ Part 7 ★★★ Total ★★★

Enhance
[ɪnhǽns]

[v] 향상시키다, 높이다
The new strategy can hopefully enhance the current situation.
새로운 전략은 현재의 상황을 희망적으로 향상시킬 것입니다.

RANK 791
Part 5 ★★ Part 6 ★★ Part 7 ★★★ Total ★★★

Emerging
[imə́:rdʒiŋ]

[a] 최근 생겨난
Emerging business
최근 생겨난 사업

RANK 792
Part 5 ★★ Part 6 ★★ Part 7 ★★★ Total ★★★

Impression
[ɪmpréʃn]

[n] 인상
What was your first impression of Seoul?
서울의 대한 첫 인상은 어떠셨나요?

RANK 793
Part 5 ★★ Part 6 ★★ Part 7 ★★★ Total ★★★

Interact
[ɪntərǽkt]

[v] 소통하다, 교류하다
Interacting with others is an important part of establishing your network.
다른 사람과 소통하는 것은 당신의 인맥을 만드는 중요한 부분입니다.

> **홍샘의 포인트 강의**
>
> 접두사 inter는 '상호 간의, 사이의'의 의미입니다. 예를 들면 interact는 '서로 작용하다', interview는 '서로 보다'에서 '면접하다', interfere는 '중간에 끼어서 방해하다', international'은 '국가와 국가 사이의'에서 '국제적인'의 의미입니다.

RANK 794
Part 5 ★★ Part 6 ★★ Part 7 ★★★ Total ★★★

Initiative
[ɪníʃətɪv]

[n] 계획, 개시, 선도, 창의
The manager took the initiative to make some changes.
매니저는 몇 가지 변화를 만들기 위해 솔선해 나섰다.

RANK 795
Part 5 ★★ Part 6 ★★ Part 7 ★★★ Total ★★★

Critic
[krɪtɪk]

[n] 비평가, 평론가
The critic wrote a harsh review about the movie.
이 영화에 대해서 비평가는 혹독한 평을 썼다.

RANK 796
Part 5 ★★ Part 6 ★★ Part 7 ★★★ Total ★★★

Courier
[kʊriə(r)]

[n] 택배 회사
The couriers in my area usually take about two business days to deliver parcels.
저희 지역의 택배회사들은 소포들을 배달하기 위해 약 2일이 소요됩니다.

RANK 797
Part 5 ★★ Part 6 ★★ Part 7 ★★★ Total ★★★

Dissatisfaction
[dɪssætɪsfækʃn]

[n] 불만
Customers can express their dissatisfaction with the company through our annual surveys.
고객들은 우리의 연례설문조사를 통해 회사에 대한 불만을 표할 수 있다.

RANK 798
Part 5 ★★★ Part 6 ★★ Part 7 ★★ Total ★★★

Excess
[ɪkses]

[n] 지나침, 과도, 과잉
I put an excess amount of paper in the printer.
나는 프린터 안에 과도한 양의 종이를 넣었다.

RANK 799
Part 5 ★★ Part 6 ★★ Part 7 ★★★ Total ★★★

Target
[tɑːrgɪt]

[n] 목표, 대상
The target audience for this movie is young adults.
이 영화의 주요 관객은 젊은 성인들이다.

RANK 800
Part 5 ★★ Part 6 ★★ Part 7 ★★★ Total ★★★

Sequel
[siːkwəl]

[n] 속편, 뒤이어 일어난 일
After watching the first series, I am really looking forward to the second sequel.
첫 시리즈를 본 후에 나는 두 번째 편을 기다리는 중이다.

RANK 801
Part 5 ★★ Part 6 ★★ Part 7 ★★★ Total ★★★

Accommodate
[əkɑːmədeɪt]

[v] (살거나 지낼) 공간을 제공하다, 수용하다
The hotel has a conference room that can accommodate up to 300 people.
그 호텔은 300명까지 수용할 수 있는 회의실을 가지고 있다.

[v] 충분한 공간을 제공하다
We accommodate the appropriate facilities for our members.
우리는 우리 회원들을 위하여 적절한 시설을 제공한다.

[v] (의견을) 수용하다
I will try my best to accommodate your suggestions next time.
저는 다음번에 당신의 제안을 수용하기 위해 최선을 다할 것이다.

[v] 부응하다, 협조하다
Regardless of his personal circumstances, he tried his best to accommodate our demands.
그의 개인적인 상황에 상관없이, 그는 우리의 요구에 응하기 위해 최선을 다했다.

[v] (환경 등에) 맞추다
As a freshman student, she needed to accommodate to the new environment.
1학년 학생으로서, 그녀는 새로운 환경에 맞출 필요가 있다.

홍샘의 포인트 강의

accommodate는 '수용하다'란 의미로 보통 숙박업체가 손님을 수용하는 것을 의미합니다. 하지만 객실 수가 제한된 숙박업체들은 수용할 수 있는 손님의 수가 항상 한정되어 있으며 일반적으로 예약하지 않으면 방을 구할 수가 없습니다. 숙박업체를 통틀어서 accommodations라고도 부릅니다.

RANK 802

Part 5	Part 6	Part 7	Total
★★	★★	★★★	★★★

In use
[ɪn] [juːz]

[a] 쓰이고 있는
In order to save energy, please unplug the appliances when they are not in use.
에너지를 절약하기 위해, 가정용 전자기기들을 사용 중이지 않을 때는 플러그를 뽑으세요.

RANK 803

Part 5	Part 6	Part 7	Total
★★	★★	★★	★★

At times
[ət] [taɪmz]

[ad] 가끔은
I like living by myself but at times, I miss my parents.
나는 혼자 사는 것을 좋아하지만 가끔은 부모님이 그립다.

RANK 804

Part 5	Part 6	Part 7	Total
★★	★★	★★★	★★★

Tight
[taɪt]

[a] 단단한
Please hold on to the safety bar as tight as you can.
되도록이면 단단히 안전대를 잡으세요.

[a] 꽉 조이는
This pants are too tight on me.
이 바지는 나에게 꽉 조인다.

[a] 단호한, 엄격한
The immigration officer enforced tight rules.
입출국 관리원은 엄격한 규정을 시행했다.

[a] 빠듯한
We have a tight schedule because we have to finish the report by the end of November.
11월 말까지 보고서를 끝내야 되기 때문에 우리는 빠듯한 스케줄을 가지고 있다.

RANK 805
Part 5 ★★ Part 6 ★★ Part 7 ★★ Total ★★

Antique
[ænti:k]

[n] 고미술품, 골동품
Famous antique paintings are usually kept in the museums.
유명한 고풍적 그림들은 대개 박물관에 보관된다.

RANK 806
Part 5 ★★ Part 6 ★★ Part 7 ★★★ Total ★★★

Availability
[əvèiləbíləti]

[n] 이용가능여부, 유효성
What is your availability next week?
당신이 다음 주에 가능한 시간은 언제인가요?

RANK 807
Part 5 ★★ Part 6 ★★ Part 7 ★★ Total ★★

Ambitious
[æmbɪʃəs]

[a] 야심 있는
Macbeth is an ambitious character in the play.
극 중 Macbeth는 야심 있는 인물이다.

RANK 808
Part 5 ★★ Part 6 ★★ Part 7 ★★ Total ★★

Attitude
[ætɪtu:d]

[n] 태도
The attitude you are giving me is not acceptable.
당신이 나에게 취하는 태도는 용납되지 않는다.

RANK 809
Part 5 ★★ Part 6 ★★ Part 7 ★★ Total ★★

Ban
[bæn]

[v] 금지하다
Bringing peanuts to office is strictly banned due to those with peanut allergy.
땅콩 알레르기가 있는 사람이 있기에 사무실에 땅콩을 가져오는 건 엄격히 금지된다.

RANK 810
Part 5 ★★ Part 6 ★★ Part 7 ★★★ Total ★★★

Congratulate
[kəngrætʃuleɪt]

[v] 축하하다
The manager congratulated me on my recent promotion.
관리인은 나의 최근 승진에 대해 축하해줬다.

RANK 811
Part 5 ★★ Part 6 ★★ Part 7 ★★★ Total ★★★

Intersection
[ɪntərsekʃn]

[n] 교차로, 교차 지점
Meet me at the intersection.
교차로에서 만납시다.

RANK 812
Part 5 ★★ Part 6 ★★ Part 7 ★★ Total ★★

Aspect
[æspekt]

[n] 측면, 양상
Various aspects
다양한 측면

RANK 813

Part 5 ★★　Part 6 ★★　Part 7 ★★★　Total ★★★

In compliance with A
[ɪn] [kəmplaɪəns] [wɪð]

[유사prep] A에 따라, A에 응하여
In compliance with the new law, you are now obligated to go outside to smoke.
새로운 법에 따라, 당신은 이제부터 담배를 피우기 위해 어쩔 수 없이 밖으로 나가야 된다.

RANK 814

Part 5 ★★　Part 6 ★★　Part 7 ★★★　Total ★★★

Enroll
[inróul]

[v] 등록하다, 입학하다
Enrolling to certain classes can be quite competitive.
특정한 수업에 등록하는 것은 꽤 경쟁력 있을 수 있다.

RANK 815

Part 5 ★★　Part 6 ★★　Part 7 ★★　Total ★★

Directive
[dərektɪv]

[n] 지시, 명령
We did not have a choice but to follow the directive from the manager.
우리는 부장님의 지시에 따르는 것 말고는 다른 선택의 여지가 없었다.

[a] 지시하는
He was a dictator with a strong directive personality.
그는 강한 지배적 성품을 가진 독재자였다.

RANK 816

Part 5 ★★　Part 6 ★★　Part 7 ★★★　Total ★★★

Executive
[ɪgzekjətɪv]

[n] 경영간부, 이사
I recently got promoted to an executive position.
나는 최근 이사로 승진되었다.

RANK 817

Part 5 ★★　Part 6 ★★　Part 7 ★★★　Total ★★★

Interfere
[ɪntərfɪr]

[v] 간섭하다, 개입하다
Part time job interferes with my school work.
시간제 근무는 나의 학업에 지장을 준다.

RANK 818

Part 5 ★★　Part 6 ★★　Part 7 ★★　Total ★★

Architect
[ɑːrkɪtekt]

[n] 건축가
Architects must be detail-oriented.
건축가는 매우 꼼꼼해야 한다.

RANK 819

Part 5 ★★　Part 6 ★★　Part 7 ★★★　Total ★★★

Lower
[lóuə(r)]

[v] 내리다, 낮추다
We have a plan to lower the price of goods to attract more customers.
우리는 더 많은 고객들을 이끌기 위해 상품의 가격을 낮출 계획을 갖고 있다.

RANK 820

| Part 5 ★★ | Part 6 ★★ | Part 7 ★★★ | Total ★★★ |

Biography
[baɪɑːgrəfi]

[n] 약력, 전기
Mr. Norman's biography will be made into a movie.
Mr. Norman의 전기는 영화로 만들어질 것이다.

RANK 821

| Part 5 ★★ | Part 6 ★★ | Part 7 ★★★ | Total ★★★ |

Minutes
[mínitz]

[n] 회의록
Minutes for today's meeting was abruptly made last minute.
오늘 회의의 회의록은 막판에 급작스레 만들어졌다.

RANK 822

| Part 5 ★★ | Part 6 ★★ | Part 7 ★★★ | Total ★★★ |

Edition
[ɪdɪʃn]

[n] (잡지 등의) 호
I am looking forward to the newest edition of Vogue.
나는 Vogue 잡지의 최신 호를 고대하고 있다.

RANK 823

| Part 5 ★★ | Part 6 ★★ | Part 7 ★★ | Total ★★ |

Bleaching
[blíːtʃɪŋ]

[n] 표백
Bleaching can seriously ruin clothes.
표백은 옷감을 매우 심하게 망칠 수 있다.

RANK 824

| Part 5 ★★ | Part 6 ★★ | Part 7 ★★★ | Total ★★★ |

Managerial
[mænədʒɪriəl]

[a] 경영의
After working for five months as a full-time sales, I got promoted to a managerial position.
네 달 동안 풀타임 판매로 근무한 뒤 관리직으로 승진되었다.

RANK 825

| Part 5 ★★ | Part 6 ★★ | Part 7 ★★ | Total ★★ |

Amend
[əmend]

[v] 개정하다, 수정하다
After numerous complaints, the contract was amended by the government.
많은 불평사항들 이후로 그 계약은 정부에 의해 개정되었다.

RANK 826

| Part 5 ★★ | Part 6 ★★ | Part 7 ★★ | Total ★★ |

Ample
[æmpl]

[a] 충분한
I have ample amounts of food in the refrigerator.
나는 냉장고에 충분한 양의 음식을 갖고 있다.

RANK 827
Part 5 ★★ Part 6 ★★ Part 7 ★★ Total ★★

Definite
[defɪnət]

[a] 확실한, 확고한
Sorry about the delay, but I can give you a definite answer by tomorrow.
늦어져서 죄송합니다만, 내일까지는 확고한 대답을 드릴 수 있습니다.

[a] 분명한, 뚜렷한
Exercising everyday will have positive and definite effects on your body.
매일 운동하는 것은 당신의 신체에 긍정적이고 뚜렷한 효과를 준다.

RANK 828
Part 5 ★★ Part 6 ★★ Part 7 ★★ Total ★★

Base
[beɪs]

[n] 토대, 기반
The training program will become the base of your skills.
연수 프로그램은 당신의 기술의 기반이 될 것이다.

RANK 829
Part 5 ★★ Part 6 ★★ Part 7 ★★ Total ★★

Calculate
[kælkjuleɪt]

[v] 계산하다, 산출하다
Employees' weekly wages are calculated based on their number of hours worked.
임직원들의 주급은 그들이 일한 시간에 근거하여 산출된다.

RANK 830
Part 5 ★★ Part 6 ★★ Part 7 ★★ Total ★★

Authentic
[ɔːθentɪk]

[a] 진품인
All our products are made out of authentic leather.
우리의 모든 제품은 진짜 가죽으로 만들어진다.

RANK 831
Part 5 ★★ Part 6 ★★ Part 7 ★★ Total ★★

Balance
[bæləns]

[n] 균형, 잔고, 잔액
After the withdrawal, your account balance is $500.
출금 후 당신의 계좌 잔고는 $500입니다.

RANK 832
Part 5 ★★ Part 6 ★★ Part 7 ★★ Total ★★

Clientele
[klaɪəntel]

[n] 모든 의뢰인, 고객들
Clientele management
고객관리

RANK 833
Part 5 ★★ Part 6 ★★ Part 7 ★★★ Total ★★★

Diligent
[dɪlɪdʒənt]

[a] 근면한, 성실한
The diligent workers will be fairly rewarded for his diligence and hard work.
성실한 근무자들은 부지런함과 열심히 일한 것에 대한 보상을 받을 것이다.

RANK 834

Part 5 ★★   Part 6 ★★   Part 7 ★★   Total ★★

Authority
[əθɔ́ːrəti]

[n] 지휘권, 권한, 권위자
You do not have the authority to issue orders.
당신은 명령을 하달할 권한을 가지고 있지 않다.

> **홍샘의 포인트 강의**
> authorities란 '권력, 권위자'를 의미합니다. 그런 의미에서 '정부 권력 기관'을 의미하기도 합니다.

RANK 835

Part 5 ★★   Part 6 ★★   Part 7 ★★   Total ★★

Acquaint
[əkwéɪnt]

[v] 익히다, 숙지하다
On your first shift as a waitress, you must thoroughly acquaint the menu so that you can serve customers properly.
웨이트리스로써의 첫 번째 근무 때에, 당신은 손님들을 올바르게 대접할 수 있도록 메뉴를 철저히 숙지해야 한다.

RANK 836

Part 5 ★★   Part 6 ★★   Part 7 ★★   Total ★★

Act
[ækt]

[v] 행동을 취하다, 행동하다, 역할을 하다, 작용하다
You need to act quickly if you want to order the product.
당신이 만약 제품을 주문하고 싶다면 빨리 행동할 필요가 있다.

RANK 837

Part 5 ★★   Part 6 ★★   Part 7 ★★   Total ★★

Barring A
[bɑ́ːrɪŋ]

[prep] A를 제외하고, A가 없다면
You can come over to my place barring special occasions and events that I might have.
내게 특별한 행사나 이벤트가 없다면 언제든 내 근무지에 들러도 된다.

RANK 838

Part 5 ★★   Part 6 ★★   Part 7 ★★   Total ★★

Deficient
[dɪfɪ́ʃnt]

[a] 부족한, 결핍된
I think that right now is not a good timing to start his own business because he is financially deficient.
나는 그가 재정적으로 부족하기 때문에 바로 지금은 사업을 시작할 좋은 시기가 아니라고 생각한다.

RANK 839

Part 5 ★★   Part 6 ★★   Part 7 ★★   Total ★★

Depleted
[diplíːtid]

[a] 고갈된, 다 쓴
Today's meeting is regarding the depleted food source and ongoing poverty in Africa.
오늘의 회의는 아프리카의 고갈된 자원과 계속되는 기근에 관한 것이다.

RANK 840
Part 5 ★★　Part 6 ★★　Part 7 ★★　Total ★★

Ready
[redi]

[a] 준비된
Matthew is ready to start working in the company.
Matthew는 회사에서 일을 시작할 준비가 됐다.

RANK 841
Part 5 ★★　Part 6 ★★　Part 7 ★★　Total ★★

Concern
[kəns3:rn]

[n] 우려 사항, 걱정
She has a concern about her child's school life.
그녀는 자신의 아이의 학교생활에 대해 걱정한다.

RANK 842
Part 5 ★★　Part 6 ★★　Part 7 ★★　Total ★★

Correct
[kərekt]

[v] 고치다
He corrected my response to the first question.
그는 첫 번째 문제에 관한 나의 대답을 수정했다.

[a] 옳은
Is that a correct answer to the first question?
그것이 첫 번째 문제의 옳은 답안인가?

RANK 843
Part 5 ★★　Part 6 ★★　Part 7 ★★　Total ★★

Confuse
[kənfju:z]

[v] 혼란시키다, 혼동하다
I am confused as to what their manager expects from me.
나는 그들의 관리자가 나에게 무엇을 기대하는지에 관하여 혼란스럽다.

RANK 844
Part 5 ★★　Part 6 ★★　Part 7 ★★　Total ★★

Accomplishment
[əkɑ:mplɪʃmənt]

[n] 완수, 업적
Authors usually write their major accomplishments and failures in their biographies.
작가들은 보통 그들의 자서전에 그들의 주된 성취와 실패들을 적는다.

RANK 845
Part 5 ★★　Part 6 ★★　Part 7 ★★　Total ★★

Renew
[rɪnu:]

[v] 재개하다
I am sorry about the interruptions. Let's renew our conversation.
중단에 대해 유감을 표합니다. 우리의 대화를 재개합시다.

[v] 갱신하다, 연장하다
I need to renew my driver's license. It expires next week.
나는 운전면허 갱신이 필요하다. 면허가 다음 주면 만기된다.

RANK 846

Part 5 ★★　Part 6 ★★　Part 7 ★★　Total ★★

Definitely
[defɪnətli]

[ad] 분명히, 틀림없이
She will definitely give up.
그녀는 틀림없이 포기할거야.

RANK 847

Part 5 ★★　Part 6 ★★　Part 7 ★★　Total ★★

Condense
[kəndens]

[v] 압축하다
The third edition of his book is a condensed version of his second edition.
그의 제 3판 서적은 제 2판의 요약본이다.

RANK 848

Part 5 ★★　Part 6 ★★　Part 7 ★★　Total ★★

Deliberation
[dɪlɪbəreɪʃn]

[n] 숙고, 숙의
After a long deliberation, she finally decided to marry him.
긴 심사숙고 끝에 그녀는 그와 결혼하기로 결심했다.

RANK 849

Part 5 ★★　Part 6 ★★　Part 7 ★★　Total ★★

Expense
[ɪkspens]

[n] 돈, 비용, 경비
She paid for the damage at her own expenses.
그녀는 자비로 피해에 보상했다.

RANK 850

Part 5 ★★　Part 6 ★★　Part 7 ★★　Total ★★

Consumption
[kənsʌmpʃn]

[n] 소비, 소비량, 소모
We must reduce energy consumption level to help the environment.
우리는 환경보호에 일조하기 위하여 에너지소비량을 줄여야 한다.

RANK 851

Part 5 ★★　Part 6 ★★　Part 7 ★★　Total ★★

Conservation
[kɑ:nsərveɪʃn]

[n] 보호, 보존
Conservation of wildlife is ultimately a preservation of human life.
야생 생물 보호는 결국 인명 보호이다.

RANK 852

Part 5 ★★　Part 6 ★★　Part 7 ★★　Total ★★

Deny
[dɪnaɪ]

[v] 부정하다, 사실이 아니라고 말하다
I cannot deny the rumor that the company is going to downsize due to financial problems.
재정문제 때문에 회사가 인력을 줄인다는 소문을 부정할 수 없다.

RANK 853
Part 5 ★★　Part 6 ★★　Part 7 ★★　Total ★★

Clarify
[klærəfaɪ]

[v] 명확하게 하다
I need to clarify the situation we have now.
나는 지금 우리가 처한 상황을 명확히 할 필요가 있다.

RANK 854
Part 5 ★★　Part 6 ★★　Part 7 ★★　Total ★★

Disguise
[dɪsgaɪz]

[n] 변장
She didn't need much disguise to look like her twin sister.
그녀가 그녀의 쌍둥이 자매처럼 보일 정도의 변장은 필요 없다.

[v] 변장하다
She disguised herself as a twin sister.
그녀는 쌍둥이 자매로 변장했다.

RANK 855
Part 5 ★★　Part 6 ★★　Part 7 ★★　Total ★★

Continuity
[kɑːntənuːəti]

[n] 지속성
Ensuring continuity and maintaining sustainability are the major goals of our company.
지속성을 보증하고 지속가능성을 유지하는 것이 우리 회사의 주요 목표이다.

RANK 856
Part 5 ★★　Part 6 ★★　Part 7 ★★　Total ★★

Dense
[dens]

[a] 빽빽한, 밀집한
Seoul has a dense population.
서울은 인구 밀집도가 높습니다.

RANK 857
Part 5 ★★　Part 6 ★★　Part 7 ★★　Total ★★

Signify
[sɪgnɪfaɪ]

[v] 의미하다, 뜻하다, 나타내다
If this light turns red, it signifies emergency.
불빛이 적색으로 변한다면, 그것은 긴급 상황을 나타낸다.

RANK 858
Part 5 ★★　Part 6 ★★　Part 7 ★★　Total ★★

Fluent
[fluːənt]

[a] 유창한, 능숙한
I want to study French until I am fluent.
프랑스어가 능숙해질 때까지 공부하길 원한다.

RANK 859
Part 5 ★★　Part 6 ★★　Part 7 ★★　Total ★★

Disregard
[dɪsrɪgɑːrd]

[v] 무시하다
The manager disregarded employees' concerns.
그 관리인은 직원들의 염려를 무시했다.

RANK 860

Part 5 ★★ Part 6 ★★ Part 7 ★★ Total ★★

Carrier
[kæriə(r)]

[n] 항공사, 수송회사
Carriers in my district usually deliver parcels within the same day.
내 구역에 있는 항공사들은 대개 소포를 당일 배송한다.

RANK 861

Part 5 ★★ Part 6 ★★ Part 7 ★★ Total ★★

Coordination
[koʊɔ:rdɪneɪʃn]

[n] 조직, 합동, 조화
Coordination in between team members
팀 구성원 사이의 조화

RANK 862

Part 5 ★★ Part 6 ★★ Part 7 ★★ Total ★★

Congestion
[kəndʒestʃən]

[n] 혼잡
There is heavy congestion on the highway right now.
지금 고속도로에 심한 교통 혼잡이 있다.

RANK 863

Part 5 ★★ Part 6 ★★ Part 7 ★★ Total ★★

Thank
[θæŋk]

[v] 감사하다, 고마워하다, 감사를 표하다
I would like to thank you for helping me yesterday.
어제 저를 도와주셔서 정말 감사드립니다.

RANK 864

Part 5 ★★ Part 6 ★★ Part 7 ★★ Total ★★

Dismissal
[dɪsmɪsl]

[n] 해고
The recent budget cut led to a dismissal in our company.
우리 회사에서 최근의 예산삭감은 해고로 이어졌다.

RANK 865

Part 5 ★★ Part 6 ★★ Part 7 ★★ Total ★★

Contradiction
[kɑ:ntrədɪkʃn]

[n] 모순, 반박
His speech today is a contradiction to his past promises.
그의 오늘 연설은 그의 과거의 공약과는 모순이 있다.

RANK 866

Part 5 ★★ Part 6 ★★ Part 7 ★★ Total ★★

Recess
[rɪses]

[n] 휴식, 휴회
Hard working employees need frequent recesses.
열심히 일하는 직원들은 자주 휴식기간이 필요하다.

[v] 휴식하다
The public speaker recessed for a day after a whole week of travelling and making speeches in front of public.
공개연설가는 한 주 내내 여행을 하고 대중 앞에 연설을 한 뒤 하루 휴식했다.

RANK 867
Part 5 ★★ Part 6 ★★ Part 7 ★★ Total ★★

Aggressively
[əgrésivli]

[ad] 공격적으로
We are now hiring new salesmen who sell our products aggressively.
우리는 지금 우리의 상품을 열정적으로 판매할 신입 판매원들을 채용하고 있다.

RANK 868
Part 5 ★★ Part 6 ★★ Part 7 ★★ Total ★★

Differ
[dífə(r)]

[v] 다르다
Cuisine differs from one restaurant to another.
요리법은 음식점마다 각기 다르다.

RANK 869
Part 5 ★★ Part 6 ★★ Part 7 ★★ Total ★★

Disappoint
[dìsəpɔ́int]

[v] 실망하게 하다
My boss was disappointed with my lack of responsibility.
내 상사는 나의 부족한 책임감에 실망하였다.

RANK 870
Part 5 ★★ Part 6 ★★ Part 7 ★★ Total ★★

Convince
[kənvíns]

[v] 설득하다, 이해시키다
I am always easily convinced.
나는 언제나 쉽게 설득된다.

RANK 871
Part 5 ★★ Part 6 ★★ Part 7 ★★ Total ★★

Endeavor
[indévər]

[n] 노력
Hopefully his persistent endeavor will pay off.
바라건대 그의 꾸준한 노력은 대가를 받을 것이다.

[v] 노력하다
He is persistently endeavoring for his dream.
그는 자신의 꿈을 향해 끈질기게 노력한다.

RANK 872
Part 5 ★★ Part 6 ★★ Part 7 ★★ Total ★★

Affect
[əfékt]

[v] 영향을 주다
My husband's decision affects my job greatly.
남편의 결정은 내 직업에 대단한 영향을 끼쳤다.

RANK 873
Part 5 ★★ Part 6 ★★ Part 7 ★★ Total ★★

Trust
[trʌst]

[n] 신뢰, 신임
It takes a long time to build up trust.
신뢰를 쌓는 것은 오랜 시간이 걸린다.

[v] 신뢰하다, 믿다
I will trust you only if you sign this document.
나는 당신이 서류에 서명하는 경우에만 당신을 신뢰할 것이다.

RANK 874

Part 5 ★★　Part 6 ★★　Part 7 ★★　Total ★★

Emphasize
[emfəsaɪz]

[v] 강조하다
You should emphasize every last syllable.
당신은 마지막 한 음절까지 강조해야 한다.

RANK 875

Part 5 ★★　Part 6 ★★　Part 7 ★★　Total ★★

Leaning
[li:nɪŋ]

[n] 성향
Sometimes she reads a left-leaning newspaper.
그녀는 좌파 성향의 신문을 가끔 읽는다.

RANK 876

Part 5 ★★　Part 6 ★★　Part 7 ★★　Total ★★

Edge
[edʒ]

[v] 가장자리, 끝
Sit at the edge of the carpet please.
카펫의 가장자리에 착석해주시기 바랍니다.

RANK 877

Part 5 ★★　Part 6 ★★　Part 7 ★★　Total ★★

Flexible
[fleksəbl]

[a] 신축성 있는, 융통성 있는
I think that I will be available at that time since my schedule is flexible.
나는 일정이 여유롭기 때문에 그 시간에 가능할 것이라고 생각한다.

RANK 878

Part 5 ★★　Part 6 ★★　Part 7 ★★　Total ★★

Convey
[kənveɪ]

[v] 나르다, 전달하다
Her speech conveyed a clear and strong message.
그녀의 연설은 명료하고 강한 메시지를 전달했다.

RANK 879

Part 5 ★★　Part 6 ★★　Part 7 ★★　Total ★★

Emission
[imɪʃn]

[n] 배출
My new car has a low CO_2 emission rate.
내 새로운 자동차는 낮은 이산화탄소 배출량을 갖고 있다.

RANK 880

Part 5 ★★　Part 6 ★★　Part 7 ★★　Total ★★

Apprehensive
[æprɪhensɪv]

[a] 걱정되는, 불안한
You don't need to be apprehensive about your tasks. I'll take good care of them.
당신의 업무에 관해 걱정할 필요는 없다. 내가 잘 처리할 것이다.

RANK 881
Part 5 ★★ Part 6 ★★ Part 7 ★★ Total ★★

Apply
[əplaɪ]

[v] 신청하다
You may also apply online.
당신은 또한 온라인으로 신청할 수 있다.

[v] 쓰다
This theory can be applied to various areas of research.
이 이론은 연구의 다양한 분야에 쓰일 수 있다.

[v] 바르다
He applied the ointment on his skin.
그는 연고를 그의 피부에 발랐다.

[v] 적용되다
These rules apply in all circumstances.
이 규칙은 모든 상황에서 적용된다.

RANK 882
Part 5 ★★ Part 6 ★★ Part 7 ★★ Total ★★

Convert
[kənvɜːrt]

[v] 전환하다, 개조하다
She converted her American dollars into Canadian dollars.
그녀는 미화를 캐나다 달러로 환전했다.

RANK 883
Part 5 ★★ Part 6 ★★ Part 7 ★★ Total ★★

Bound for A
[baʊnd] [fə(r)]

[유사prep] A행의
This is a last call for passengers bound for Paris.
파리행의 승객에게 알리는 마지막 방송입니다.

RANK 884
Part 5 ★★ Part 6 ★★ Part 7 ★★ Total ★★

Pollutant
[pəluːtənt]

[n] 오염 물질, 오염원
Carbon dioxide is one of the major pollutants in today's society.
현대사회에서 이산화탄소는 주요 오염물질 중 하나이다.

> **홍샘의 포인트 강의**
> pollutant는 '오염물질'을 나타내고 pollution은 불가산명사로 '오염 현상 전체'를 의미합니다.

RANK 885
Part 5 ★★ Part 6 ★★ Part 7 ★★ Total ★★

Exempt
[ɪgzempt]

[a] ~이 면제되는
Some people have been exempt from the mandatory blood testing due to their personal health reasons.
어떤 이들은 그들의 개인적 건강을 이유로 필수 혈액검사에서 면제된다.

RANK 886
Part 5 ★★ Part 6 ★★ Part 7 ★★ Total ★★

Recognition
[rekəgnɪʃn]

[n] 알아봄, 인식, 인정
This award is a symbol of recognition of your dedication to the company.
이 상은 회사에 헌신한 당신의 공로를 인정하는 상징이다.

RANK 887
Part 5 ★★　Part 6 ★★　Part 7 ★★　Total ★★

Exclude
[ɪksklu:d]

[v] 제외하다
I may exclude a few people from the survey because of their age.
나는 연구에서 몇몇의 사람들을 그들의 나이 때문에 제외시킬 수도 있다.

RANK 888
Part 5 ★★　Part 6 ★★　Part 7 ★★　Total ★★

Qualify for A
[kwɑ:lɪfaɪ] [fə(r)]

[v] A의 자격을 얻다
Since you qualify for the managerial position, you should definitely apply for it.
당신이 관리직에 적임자이기 때문에, 반드시 그곳에 지원해야 한다.

RANK 889
Part 5 ★★　Part 6 ★★　Part 7 ★★　Total ★★

Burdensome
[bɜ:rdnsəm]

[a] 부담스러운, 곤란한
There are several burdensome tasks that I am facing right now.
내가 지금 직면하고 있는 몇 가지 부담스러운 업무가 있다.

RANK 890
Part 5 ★★　Part 6 ★★　Part 7 ★★　Total ★★

At one's disposal
[ət] [wʌnz] [dɪspoʊzl]

[ad] ~의 마음대로 이용할 수 있게
Although the budget is at your disposal, you are entirely responsible for the outcome.
이 예산은 마음대로 사용 가능하긴 하지만, 당신은 전적으로 결과에 대해 책임이 있다.

RANK 891
Part 5 ★★　Part 6 ★★　Part 7 ★★　Total ★★

Desperate
[despərət]

[a] 간절히 필요로 하는, 필사적인
The desperate applicant was willing to take any position.
필사적이었던 지원자는 어떠한 자리라도 마다하지 않았다.

RANK 892
Part 5 ★★　Part 6 ★★　Part 7 ★★　Total ★★

Mistake
[mɪsteɪk]

[n] 실수, 잘못
Mistakes will never be tolerated in this office for any reason.
이 사무실에서 실수는 어떤 이유로든 절대 용납되지 않을 것이다.

[v] 오해하다, 잘못 판단하다
I mistook you as a friend.
나는 당신을 친구로 오해했었다.

RANK 893

Part 5 ★★　Part 6 ★　Part 7 ★★　Total ★★

Applicable
[əplɪkəbl]

[a] 해당하는
The theory was not applicable in my situation.
이 이론은 내 상황에 해당되지 않는다.

RANK 894

Part 5 ★★　Part 6 ★★　Part 7 ★★　Total ★★

Storage
[stɔːrɪdʒ]

[n] 저장, 보관
We still have a lot of space in our storage rooms.
우리는 창고에 아직 많은 공간을 가지고 있다.

RANK 895

Part 5 ★★　Part 6 ★★　Part 7 ★★　Total ★★

Handle
[hændl]

[v] 다루다
Those packages need to be handled carefully.
그 소포들은 조심스럽게 다루어야 될 필요가 있다.

RANK 896

Part 5 ★★　Part 6 ★★　Part 7 ★★　Total ★★

Reaction
[riækʃn]

[n] 반응
The reaction of the crowd satisfied the CEO.
대중의 반응은 CEO를 만족시켰다.

RANK 897

Part 5 ★★　Part 6 ★★　Part 7 ★★　Total ★★

Revision
[rɪvɪʒn]

[n] 수정, 정정, 수정사항, 정정사항
She read over her first draft and made some minor revisions to it.
그녀는 그녀의 초고를 꼼꼼히 읽고 사소한 것 몇 가지를 수정하였다.

RANK 898

Part 5 ★★　Part 6 ★★　Part 7 ★　Total ★★

Acquire
[əkwaɪə(r)]

[v] (노력, 능력으로) 습득하다, 얻다
It is necessary that you try not to acquire bad habits.
나쁜 습관들을 갖지 않도록 하는 것이 필요하다.

[v] (사거나, 받아서) 획득하다, 취득하다
I signed the agreement to acquire the H&M Company.
H&M 회사를 인수하기 위해 나는 계약에 서명하였다.

RANK 899

Part 5 ★★　Part 6 ★★　Part 7 ★★　Total ★★

Reliability
[rɪlàɪəbíləti]

[n] 신뢰할 수 있음, 확실성
The newly developed software is known not only for its reliability, but also for its speed.
새롭게 개발된 우리 소프트웨어는 믿을 수 있는 제품으로만 알려진 뿐만 아니라 속도로도 유명하다.

RANK 900

Part 5	Part 6	Part 7	Total
★★	★★	★★	★★

Improper
[ɪmprɑːpə(r)]

[a] 부적절한, 부당한
Sometimes, improper use of compliments can make situations worse.
때때로, 칭찬의 부적절한 사용은 상황을 심각하게 만들 수 있다.

RANK 901

Part 5	Part 6	Part 7	Total
★★	★★	★★	★★

Hard
[hɑːrd]

[a] 단단한
This chair is too hard for me.
나에게는 이 의자가 너무 단단하다.

[a] 어려운
Many applicants know that joining the company is too hard.
많은 지원자들은 그 회사에 입사하는 것이 어렵다는 걸 알고 있다.

[a] 곤란한
It is not easy to answer the hard questions during the press conference.
기자 회견 동안에 곤란한 질문들에 대답하는 것은 쉽지 않다.

[a] 힘든
It's hard to stay up all night.
밤새도록 깨어있는 것은 힘들다.

[a] 열심히 하는
Jason is one of hard working employees in the company.
Jason은 회사 내에서 열심히 일하는 사원 중의 한 명이다.

[a] 냉정한
Her manager is a hard man.
그녀의 부장님은 냉정한 사람이다.

[ad] 열심히, 힘들게, 세게, 심하게
I studied very hard for the final exam.
기말시험 때문에 나는 공부를 아주 열심히 했다.

RANK 902

Part 5	Part 6	Part 7	Total
★★	★★	★★	★★

Conclude
[kənkluːd]

[v] 결론을 내리다
He concluded his essay by proving his hypothesis.
그는 그의 가설을 증명함으로써 그의 에세이의 결론을 내렸다.

RANK 903

Part 5	Part 6	Part 7	Total
★★	★★	★★	★★

Importance
[ɪmpɔːrtns]

[n] 중요성
You do not need to remind me of the importance of family members.
당신은 나에게 가족의 중요성을 상기시켜 줄 필요가 없다.

RANK 904

Part 5	Part 6	Part 7	Total
★★	★★	★★	★★

Composition
[kɑːmpəzɪʃn]

[n] 구성, 작품
The composition of the product is unlike any other in the market.
제품의 구성은 시장에 있는 어떠한 것과도 같지 않다.

RANK 905
Part 5 ★★ Part 6 ★★ Part 7 ★★ Total ★★

Familiarize
[fəmɪlɪəraɪz]

[v] 익숙하게 하다
In order to familiarize yourself with a new word, you must practice speaking it repeatedly.
새로운 단어와 익숙해지기 위해, 당신은 몇 번이고 그 단어를 말하는 연습을 해야만 한다.

RANK 906
Part 5 ★★ Part 6 ★★ Part 7 ★★ Total ★★

Disturb
[dɪst3:rb]

[v] 방해하다
Please stop disturbing me because I have to submit this resume on time.
저는 이 이력서를 정시에 내야 되니깐 제발 방해 좀 하지 말아주세요.

RANK 907
Part 5 ★★ Part 6 ★★ Part 7 ★★ Total ★★

Diligently
[dílədʒəntli]

[ad] 부지런히, 열심히, 애써
He worked diligently over the past year to reach his position.
그의 위치에 도달하기 위해 그는 작년 한 해 동안 부지런히 일하였다.

RANK 908
Part 5 ★★ Part 6 ★★ Part 7 ★ Total ★★

Compensation
[kɑ:mpenseɪʃn]

[n] 급여, 보상, 보상금
He has to receive a compensation for the expenses.
그는 비용에 대한 보상을 받아야만 한다.

RANK 909
Part 5 ★★ Part 6 ★★ Part 7 ★★ Total ★★

Insight
[ɪnsaɪt]

[n] 통찰력, 이해
The speaker seemed to have a great insight on his area of expertise.
그 연설자는 그의 전문 분야에 뛰어난 통찰력을 가진 듯 보였다.

RANK 910
Part 5 ★★ Part 6 ★★ Part 7 ★ Total ★★

Alumni
[əlʌmnaɪ]

[n] 졸업생들
A lot of alumni will be gathering here tomorrow.
많은 졸업생들이 내일 이곳에서 모일 것이다.

RANK 911
Part 5 ★ Part 6 ★ Part 7 ★★ Total ★

Bilingual
[baɪlɪŋgwəl]

[a] 2개 국어를 하는
I am bilingual in Korean and Russian.
나는 한국어와 러시아어 두 언어를 합니다.

RANK 912

| Part 5 ★★ | Part 6 ★★ | Part 7 ★★ | Total ★★ |

Claim
[kleɪm]

[v] 주장하다
Professor Park claimed that a lot of the information from the movie was mostly false.
영화 속의 많은 정보들은 대개 거짓이라고 Park 교수님께서 주장하셨다.

> **홍샘의 포인트 강의**
> claim은 '소유권이나 권리를 주장하다'의 의미가 있습니다. 혹은 의견을 강하게 나타낸다는 의미도 있습니다.

RANK 913

| Part 5 ★★ | Part 6 ★★ | Part 7 ★ | Total ★★ |

Attentive
[ətentɪv]

[a] 주의를 기울이는
Attentive listeners will learn many things from this seminar.
주의를 기울이는 경청자들은 이 세미나에서 많은 것들을 배울 것이다.

RANK 914

| Part 5 ★★ | Part 6 ★ | Part 7 ★★ | Total ★★ |

Acclaim
[əkleɪm]

[n] 찬사, 칭찬
His thesis received great acclaim from the professors of his university.
그의 논제는 그의 대학교 교수님으로부터 큰 호평을 받았다.

RANK 915

| Part 5 ★★ | Part 6 ★★ | Part 7 ★★ | Total ★★ |

Environment
[ɪnvaɪrənmənt]

[n] 환경
It is very important to protect the environment.
환경을 보호하는 것은 아주 중요한 것이다.

RANK 916

| Part 5 ★★ | Part 6 ★★ | Part 7 ★★ | Total ★★ |

Criticize
[krɪtɪsaɪz]

[v] 비판하다, 비난하다
It is not always good to criticize others.
다른 사람들을 비판하는 것이 항상 좋은 것만은 아니다.

RANK 917

| Part 5 ★★ | Part 6 ★★ | Part 7 ★★ | Total ★★ |

Volume
[vɑːljuːm]

[n] 권, 양
The municipal library has more than 3,000,000 volumes of the books.
시립도서관은 3백만 권 이상의 책을 소유하고 있다.

RANK 918

| Part 5 ★★ | Part 6 ★★ | Part 7 ★ | Total ★★ |

Delighted
[dɪlaɪtɪd]

[a] 아주 기뻐하는
I was delighted to meet you yesterday.
저는 어제 당신을 만나서 아주 기뻤습니다.

RANK 919
Part 5 ★★ Part 6 ★ Part 7 ★★ Total ★★

Along with A
[əlɔːŋ] [wɪð]

[유사prep] A와 함께
You are welcome to come to the concert along with your wife.
당신의 부인과 함께 콘서트에 오는 것을 환영합니다.

RANK 920
Part 5 ★★ Part 6 ★★ Part 7 ★★ Total ★★

Leadership
[liːdərʃɪp]

[n] 통솔력, 지도력, 리더십
Mr. East displays his leadership every day in the office to operate his company.
Mr. East는 그의 회사를 경영하기 위해 사무실에서 매일 리더십을 발휘한다.

RANK 921
Part 5 ★★ Part 6 ★ Part 7 ★ Total ★

Conversely
[kɑːnvɜːrsli]

[ad] 역으로, 정반대로
Conversely, a change of preferences among consumers has negatively affected the industry.
역으로, 소비자들 사이에서 선호도 변화는 산업에 부정적으로 영향을 끼쳐왔다.

RANK 922
Part 5 ★★ Part 6 ★ Part 7 ★★ Total ★★

Boom
[buːm]

[n] 붐, 호황
A recent boom in the country's population has affected the market.
최근의 국가인구 급성장은 시장에 영향을 끼쳤다.

RANK 923
Part 5 ★★ Part 6 ★ Part 7 ★★ Total ★★

Strength
[strenθ]

[n] 힘, 기운
Inner strength is required to take up this position.
이 직책을 맡기 위해서는 정신력이 요구된다.

RANK 924
Part 5 ★ Part 6 ★★ Part 7 ★★ Total ★★

Boost
[buːst]

[v] 신장시키다, 북돋우다
My boss's compliment helped boost the morale of my teammates.
사장님의 칭찬은 나의 팀 동료들의 사기를 북돋는 데 일조했다.

RANK 925
Part 5 ★★ Part 6 ★ Part 7 ★★ Total ★★

Dairy
[deri]

[n] 유제품
Ms. Shin is allergic to dairy products.
Ms. Shin은 유제품 알레르기가 있다.

RANK 926

Part 5 ★★   Part 6 ★★   Part 7 ★   Total ★★

Detergent
[dɪtɜːrdʒənt]

[n] 세제
Using detergent helps you wash your clothes.
세제를 사용하는 것은 당신의 옷을 깨끗하게 하는데 도움을 준다.

RANK 927

Part 5 ★★   Part 6 ★   Part 7 ★★   Total ★★

Acquaintance
[əkweɪntəns]

[n] 아는 사람, 지인
That woman I saw earlier on the train was an acquaintance of mine.
오늘 일찍 열차에서 내가 본 여자는 내가 아는 사람이다.

RANK 928

Part 5 ★★   Part 6 ★★   Part 7 ★   Total ★★

Considerate
[kənsɪdərət]

[a] 사려 깊은, 배려하는
Stanley always seems to be very considerate towards his colleagues.
Stanley는 항상 그의 동료들에게 배려 깊은 것 같다.

RANK 929

Part 5 ★   Part 6 ★   Part 7 ★★   Total ★

Awe
[ɔː]

[n] 경외감
awe and respect
경외감과 존경심

RANK 930

Part 5 ★   Part 6 ★★   Part 7 ★   Total ★

Blurred
[blɜːrd]

[a] 흐릿해진
This painting looks blurred.
이 그림은 흐릿하게 보인다.

RANK 931

Part 5 ★   Part 6 ★★   Part 7 ★★   Total ★★

Foreseeable
[fɔːrsiːəbl]

[a] 예측할 수 있는, 예견할 수 있는
It is obvious that the company will be in trouble in the foreseeable future.
회사가 머지않은 미래에 난경에 빠질 것은 누가 보아도 분명하다.

RANK 932

Part 5 ★★   Part 6 ★   Part 7 ★★   Total ★★

Endurance
[ɪndʊərəns]

[n] 인내, 지구력
Endurance is required to overcome many obstacles.
많은 난관들을 극복하기 위해서는 인내가 요구된다.

RANK 933

Part 5 ★ | Part 6 ★ | Part 7 ★★ | Total ★

Creation
[krieɪʃn]

[n] 창작물, 창안, 창립
The creation of the product will significantly impact on the prospects of our company.
이 제품은 탄생은 우리 회사의 전망에 상당히 영향을 줄 것이다.

RANK 934

Part 5 ★★ | Part 6 ★ | Part 7 ★★ | Total ★★

Emit
[imɪt]

[v] (빛, 열, 가스) 내다, 내뿜다
The new device emits light even when it is dark outside.
이 새로운 장치는 심지어 밖이 어두울 때에도 빛을 내뿜는다.

홍샘의 포인트 강의
emit은 '가스 등을 분출하다'의 의미입니다. 주로 대기오염에 관련된 글에서 발견할 수 있습니다.

RANK 935

Part 5 ★★ | Part 6 ★ | Part 7 ★ | Total ★

Reminder
[rɪmaɪndə(r)]

[n] 상기시키는 것, 독촉장, 상기시켜 주는 편지
It is a reminder to all employees that there is no work tomorrow.
이것은 내일 일이 없다는 것을 모든 직원들에게 상기시켜주는 편지다.

RANK 936

Part 5 ★★ | Part 6 ★ | Part 7 ★★ | Total ★★

Former
[fɔːrmə(r)]

[a] 예전의, 옛날의
A former member of the board showed up at the meeting today.
예전 이사진들 중의 한 명이 오늘 회의 때 나타났다.

RANK 937

Part 5 ★★ | Part 6 ★ | Part 7 ★ | Total ★

Captivate
[kæptɪveɪt]

[v] 마음을 사로잡다
The performance captivated the audience.
이 공연은 관중의 마음을 사로잡았다.

RANK 938

Part 5 ★ | Part 6 ★ | Part 7 ★★ | Total ★

Citizen
[sɪtɪzn]

[n] 시민
The citizens will be able to vote during the election.
시민들은 선거기간 동안 투표를 할 수 있다.

RANK 939

Part 5 ★ | Part 6 ★ | Part 7 ★★ | Total ★

Degree
[dɪgriː]

[n] 학위, 학부
He has a degree in philosophy.
그는 철학 학위를 가지고 있다.

RANK 940

Part 5	Part 6	Part 7	Total
★★	★	★	★★

Advisable
[ədvaɪzəbl]

[a] 권할 만한, 바람직한
I thought it would be advisable to think twice before speaking.
말하기 전에 두 번 생각하는 것은 바람직한 것이라고 나는 생각했다.

RANK 941

Part 5	Part 6	Part 7	Total
★★	★★	★	★★

Depict
[dɪpɪkt]

[v] 그리다, 묘사하다
The story depicts the life of a successful woman in business.
이 이야기는 사업에 있어서 성공한 한 여자의 인생을 묘사하고 있다.

RANK 942

Part 5	Part 6	Part 7	Total
★★	★	★★	★★

Detach
[dɪtætʃ]

[v] 떼다, 분리되다
It is not easy to detach oneself from such issues.
누군가를 그러한 문제로부터 분리하는 것은 쉽지 않다.

RANK 943

Part 5	Part 6	Part 7	Total
★★	★	★★	★★

Customarily
[kʌ́stəmèrəli]

[ad] 습관적으로
Jim seems to customarily park his car in the same spot.
Jim은 습관적으로 그의 차를 같은 장소에 주차하는 것 같다.

RANK 944

Part 5	Part 6	Part 7	Total
★	★	★	★

Abusive
[əbju:sɪv]

[a] 폭력적인, 학대하는
Abusive language will not be tolerated in the company.
욕설은 회사에서 관대히 다뤄지지 않을 것이다.

RANK 945

Part 5	Part 6	Part 7	Total
★	★	★★	★

Pollute
[pəlu:t]

[v] 오염시키다
Cars have polluted the air of the city.
자동차들은 도시의 대기를 오염시켜 왔다.

RANK 946

Part 5	Part 6	Part 7	Total
★	★	★★	★

Colony
[kɑ:ləni]

[n] 식민지
There were a lot of Spanish colonies in the past.
과거에는 스페인의 식민지가 많았다.

RANK 947
Part 5 ★ Part 6 Part 7 Total

Correspondent
[kɔːrəspaːndənt]

[n] 기자, 특파원
Ms. Lee is a highly valued correspondent in that country.
Ms. Lee는 그 나라에서 높이 평가되는 기자다.

RANK 948
Part 5 ★ Part 6 Part 7 Total

Add up to A
[æd] [ʌp] [tu]

[v] 총 A가 되다
The amount of time you work should add up to 56 hours.
당신이 일한 시간은 총 56시간이 되어야 한다.

RANK 949
Part 5 ★ Part 6 ★★ Part 7 Total ★

Combine
[kəmbaɪn]

[v] 결합하다, 겸비하다, 갖추다
We will combine the two teams to be more efficient.
보다 많은 효과를 위해서 우리는 두 개의 팀을 합칠 것이다.

RANK 950
Part 5 ★ Part 6 Part 7 ★★ Total ★

Dividend
[dɪvɪdend]

[n] 배당금, 상금
She will receive a high dividend.
그녀는 높은 배당금을 받을 것이다.

RANK 951
Part 5 ★ Part 6 Part 7 Total ★

Forsake
[fərseɪk]

[v] 저버리다, 버리다
Forsake the mistakes of the past and move forward.
과거의 실수들은 버리고 앞으로 나아가라.

RANK 952
Part 5 ★ Part 6 Part 7 Total

Awesome
[ɔːsəm]

[a] 경탄할 만한, 엄청난
I can't express in words how awesome it is.
얼마나 엄청난지 말로 표현 할 수 없다.

RANK 953
Part 5 ★ Part 6 Part 7 ★★ Total ★

Expenditure
[ɪkspendɪtʃə(r)]

[n] 지출, 비용, 경비, 소비
The company's expenditure for this year was double the amount spent last year.
올해 회사의 지출은 작년에 쓴 양의 두 배였다.

RANK 954
Part 5 ★ Part 6 ★ Part 7 ★ Total ★

Custody
[kʌstədi]

[n] 양육권, 보호권, 관리
James will be in the custody of his uncle.
James는 그의 삼촌의 보호를 받을 것이다.

RANK 955
Part 5 ★ Part 6 ★ Part 7 ★★ Total ★

Familiarity
[fəmɪliærəti]

[n] 익숙함, 낯익음
We have maintained a sense of familiarity with this place.
우리는 이 장소에 적응하는 감각을 유지해왔다.

RANK 956
Part 5 ★ Part 6 ★ Part 7 ★★ Total ★

As of A
[əz] [ʌv]

[유사prep] A 일자로
All employees will turn out on strike for higher wages as of tomorrow.
보수 인상을 위해 모든 고용자들은 내일 일자로 파업을 할 것이다.

홍샘의 포인트 강의
as of는 '~시점을 기준으로'란 의미로 지금 당장이 아닌 다른 시점부터 이루어지는 일을 나타냅니다. 주로 새로운 정책이나 규율이 시작되는 시점을 말할 때 사용합니다. 시점을 나타내는 다른 표현으로는 starting, beginning, effective가 있습니다.

RANK 957
Part 5 ★ Part 6 ★ Part 7 ★ Total ★

Blueprint
[bluːprɪnt]

[n] 청사진
The blueprint of the building is in the hands of the architect.
빌딩의 청사진은 건축가의 수중에 있다.

RANK 958
Part 5 ★ Part 6 ★ Part 7 ★★ Total ★

Blender
[blendə(r)]

[n] 믹서, 분쇄기
I will make juice out of these fruits by putting them in the blender.
나는 이 과일들을 믹서에 넣음으로써 주스를 만들 것이다.

RANK 959
Part 5 ★ Part 6 ★ Part 7 ★ Total ★

Caliber
[kæləbər]

[n] 재간, 가치
Martha has incredible caliber in her field of expertise.
Martha는 그녀의 전문분야에서 엄청난 가치가 있다.

[n] 우수성, 등급, 품질
Cars of this caliber are very valuable.
이러한 품질의 자동차는 매우 가치가 있다.

RANK 960
Part 5 ★ Part 6 ★ Part 7 ★ Total ★

Affiliation
[əfɪlieɪʃn]

[n] 소속, 제휴
My company has affiliation with other companies in the field of Architectural Design.
내 회사는 이 건축설계 영역에서 다른 여러 회사들과 제휴를 하고 있다.

RANK 961
Part 5 ★　Part 6 ★　Part 7 ★　Total ★

Consistent
[kənsɪstənt]

[a] 한결같은, 일관된, 변함없는
Our company is proud that we have been providing consistent services to our customers.
우리 회사는 우리의 고객들에게 한결같은 서비스를 제공해온 것에 자랑스럽다.

RANK 962
Part 5 ★★　Part 6 ★　Part 7 ★　Total ★

Disconnect
[dɪskənekt]

[v] 연결을 끊다
You should disconnect the network connection before leaving the office.
당신은 네트워크 연결을 사무실을 떠나기 전에 꺼야 된다.

RANK 963
Part 5 ★　Part 6 ★★　Part 7 ★　Total ★

In addition
[ɪn] [ədɪʃn]

[ad] 게다가, 덧붙여
In addition, I would like to call a meeting with all the board members.
게다가, 저는 모든 임원들과 함께 회의를 소집했으면 합니다.

RANK 964
Part 5 ★　Part 6 ★　Part 7 ★★　Total ★

Bankrupt
[bæŋkrʌpt]

[a] 파산한
The company will go bankrupt if it does not take some drastic measures.
만약 과감한 조치를 취하지 않으면, 회사는 파산할 것이다.

RANK 965
Part 5 ★　Part 6 ★　Part 7 ★★　Total ★

Athlete
[æθliːt]

[n] 운동선수
We can easily find famous athletes in many advisements.
우리는 쉽게 많은 광고에서 유명한 운동선수들을 찾을 수 있다.

RANK 966
Part 5 ★　Part 6 ★　Part 7 ★　Total ★

Agricultural
[ægrikʌltʃərəl]

[a] 농업의
The agricultural industry has played a very important role in making our economy stable.
농업은 우리 경제를 안정적으로 만드는데 중요한 역할을 해왔다.

RANK 967
Part 5 ★　Part 6 ★　Part 7 ★　Total ★

Counterpart
[kaʊntərpɑːrt]

[n] 상대
Mr. Jang called his counterpart working for another company to arrange a meeting.
회의를 준비하기 위해서 Mr. Jang은 다른 회사의 상대 담당자에게 전화를 걸었다.

RANK 968
Part 5 ★　Part 6 ★　Part 7 ★★　Total ★

Cast
[kæst]

[n] 출연자들, 배역진
The cast will be signing autographs outside after the show.
출연자들은 쇼가 끝난 후에 밖에서 사인을 할 것이다.

RANK 969
Part 5 ★　Part 6 ★　Part 7 ★★　Total ★

Correlation
[kɔːrəleɪʃn]

[n] 연관성, 상관관계
The data does not show any correlation between the two events.
이 자료는 두 사건 사이에서 어떠한 연관성도 보여주지 않는다.

RANK 970
Part 5 ★　Part 6 ★　Part 7 ★　Total ★

Breeze
[briːz]

[n] 미풍, 산들바람
There was a light breeze flowing through the window.
창문을 통해서 약한 산들바람이 불었다.

RANK 971
Part 5 ★　Part 6 ★　Part 7 ★　Total ★

Accrue
[əkruː]

[v] 누적하다, 축적하다
He accrued over 40 hours of work last week.
그는 지난 주 40시간이 넘는 작업량을 누적하였다.

RANK 972
Part 5 ★　Part 6 ★　Part 7 ★　Total ★

Disciplinary
[dɪsəpləneri]

[a] 징계의
Disciplinary actions will be taken against anyone who goes against company policies.
누구든지 회사 규정에 어긋나는 사람은 징계조치가 취해질 것이다.

RANK 973
Part 5 ★ Part 6 ★ Part 7 ★ Total ★

As of yet
[əz] [ʌv] [jet]

[유사prep] 아직까지는, 현재로서는
As of yet, it is hard to tell whether the situation will get better or not.
아직까지는, 상황이 좋아질 건지 아닌지 말하기 어렵다.

RANK 974
Part 5 ★ Part 6 ★ Part 7 ★ Total ★

Breakthrough
[breɪkθruː]

[n] 비약적인 발전
They experienced a scientific breakthrough last month.
그들은 지난달에 과학적인 획기적인 성과를 경험하였다.

RANK 975
Part 5 ★ Part 6 ★ Part 7 ★ Total ★

By far
[baɪ] [fɑː(r)]

[ad] 훨씬, 단연코
You are by far the greatest actor that I have ever met.
당신은 내가 여태까지 만났던 배우들 중 단연코 최고의 배우이다.

RANK 976
Part 5 ★ Part 6 ★ Part 7 ★ Total ★

Boardroom
[bɔːrdruːm]

[n] 중역 회의실, 이사회실
The mayor has a meeting with his employees in the city hall boardroom.
시장은 그의 직원들과 중역 회의실에서 미팅이 있다.

RANK 977
Part 5 ★ Part 6 ★ Part 7 ★ Total ★

Curb
[kɜːrb]

[v] 억제하다, 제한하다
The government needs to curb the spread of influenza prevailing all over the country.
정부는 전국에서 유행하고 있는 독감의 확산을 억제할 필요가 있다.

RANK 978
Part 5 ★ Part 6 ★ Part 7 ★ Total ★

Conventional
[kənvenʃənl]

[a] 관습적인, 극히 평범한
It is quite conventional for one to go to the hospital when he or she is sick.
아플 때 병원에 가는 것은 지극히 평범한 것이다.

RANK 979
Part 5 ★ Part 6 ★ Part 7 ★ Total ★

Alongside
[əbːŋsaɪd]

[prep] ~옆에, ~와 함께
You can place your bags alongside your desk.
당신은 당신의 책상 옆에 가방을 놓을 수 있다.

RANK 980
Part 5 ★ Part 6 ★ Part 7 ★ Total ★

Readily
[redɪli]

[ad] 손쉽게, 순조롭게
All home appliances you need are readily available in our store.
당신이 필요한 모든 가전용 전자기기는 손쉽게 우리 가게에서 구할 수 있다.

RANK 981
Part 5 ★ Part 6 ★ Part 7 ★ Total ★

Edible
[edəbl]

[a] 먹을 수 있는
Hong restaurant provides customers with unique food made of insects which are edible.
Hong 음식점은 고객들에게 먹을 수 있는 곤충으로 만들어진 독특한 음식을 제공한다.

RANK 982
Part 5 ★ Part 6 ★ Part 7 ★ Total ★

Resolution
[rezəluːʃn]

[n] 결의안
My teammates came up with a resolution that will help us through this quarter.
나의 팀 동료들은 이번 분기에 도움을 줄 결의안을 내놓았다.

RANK 983
Part 5 ★ Part 6 ★ Part 7 ★ Total ★

Devastate
[devəsteɪt]

[v] 완전히 파괴하다; 비탄에 빠뜨리다
I was devastated by the loss of my family.
가족을 잃음으로 인해 나는 엄청난 비탄에 빠졌다.

RANK 984
Part 5 ★ Part 6 ★ Part 7 ★ Total ★

Scrutinize
[skruːtənaɪz]

[v] 세심히 살피다, 면밀히 조사하다
All resumes of applicants will be scrutinized meticulously by the personnel manager.
모든 지원자의 지원서들은 인사부장에 의해 꼼꼼하게 검토될 것이다.

RANK 985
Part 5 ★ Part 6 ★ Part 7 ★ Total ★

Tentatively
[téntətivli]

[ad] 시험적으로, 망설이며

The director of personnel tentatively announced the final decision about downsizing.

인사부장은 인원 삭감에 대한 최종 결정을 망설이며 발표하였다.

RANK 986
Part 5 ★ Part 6 ★ Part 7 ★ Total ★

Adventurous
[ədventʃərəs]

[a] 모험적인, 모험을 즐기는

Mr. Kim spent five days in the Amazon to experience something more adventurous.

좀 더 많은 모험적인 걸 경험하기 위해 Mr. Kim은 5일을 아마존에서 보냈다.

RANK 987
Part 5 ★ Part 6 ★ Part 7 ★ Total ★

Blaze
[bleɪz]

[n] 대형 화재

The blaze in the forest caused panic throughout the country.

숲에 난 대형 화재는 나라 도처에 혼란을 일으켰다.

RANK 988
Part 5 ★ Part 6 ★ Part 7 ★ Total ★

Boast
[boʊst]

[v] 뽐내다, 자랑하다

The smart phone produced in my country boasts the highest quality.

우리나라에서 생산되는 스마트폰은 최상의 품질을 자랑한다.

RANK 989
Part 5 ★ Part 6 ★★ Part 7 ★ Total ★

Seasonal
[síːzənl]

[a] 계절의

Our store has a plan to sell seasonal products next month.

다음 달에 우리 매장은 계절상품을 판매할 계획입니다.

RANK 990
Part 5 ★ Part 6 ★ Part 7 ★ Total ★

Boredom
[bɔ́ːrdəm]

[n] 지루함, 따분함

I decided to read a book to ease my boredom during the flight.

비행시간 동안 지루함을 달래기 위해 나는 책을 읽기를 결정하였다.

단어를 몰라도 읽어내는 습관 TOEIC편

Written by_Stephan kim, Mr .Sun

Unit 12
Preview

Unit12-b

Please contact the Human Resources Department and schedule your employment and benefits processing.
인사과에 전화해 주시고 고용과 복지 절차의 일정을 잡으세요.

Please contact the Human Resources Department

이 지위를 받아들이기 위해
to accept this position

and schedule your employment and benefits processing.

Please contact the Human Resources Department to accept this position and schedule your employment and benefits processing

일반적인 오리엔테이션 절차 이외에도
in addition to your general orientation.

Please contact the Human Resources Department to accept this position and schedule your employment and benefits processing in addition to your general orientation

626-441-3234, 내선번호 555로
at 626-441-3234, ext. 555.

Unit 12

Dear Irene Boyle,

Congratulations! This letter is to inform you that you have been accepted into the Overseas Sales department manager position at Thomson Corporation. Your annual starting salary will be $80,000. Detailed information on benefits is described in the enclosed summary of full-time employee programs brochure. The particulars of these programs will be discussed during your employment orientation.

We have scheduled your first day for March 2. Please contact the Human Resources Department to accept this position and schedule your employment and benefits processing in addition to your general orientation at 626-441-3234, ext 555.

Don't hesitate to call me with any questions you may have / regarding your employment here. In the meantime, we look forward to you joining the staff and the positive contributions we believe you will make at Thomson Corporation.